Josef Waßen / Victor Dewsbery

Wörterbuch für Travel-Christen

Lexikon für speziell christliche Wörter und Redewendungen

Projektion J Buch- und Musikverlag GmbH
Wiesbaden

Buch- und Musikverlag GmbH
Niederwaldstraße14, 65187 Wiesbaden

ISBN 3-89490-034-2

Umschlaggestaltung: Büro für Kommunikationsdesign
Heidenreich, Haltern am See
Satz: Victor Dewsbery, Berlin
Druck:Schönbach Druck GmbH, 64390 Erzhausen

1 2 3 4 5 96 95 94

Inhalt | List of Contents

Einleitung

Dieses Buch soll helfen, Brücken der Verständigung zu bauen. Es wendet sich an Menschen, die das Gespräch mit Christen aus einem anderen Sprachraum suchen und auch an Menschen, die sich eher für die Sprache an sich oder für fremdsprachige Lektüre interessieren.
Zu vielen der Stichworte (fett gedruckt) im Lexikonteil enthält das Buch Sacherklärungen (kursiv gedruckt). Im Anhang befinden sich zusätzliche Informationen über die Bibel und die kirchliche Situation, im jeweils anderen Sprachraum.

Die Herausgeber möchten sich bei Michael Jobling aus Milton Keynes, England bedanken, der wertvolle Hinweise aus seiner langjährigen Kenntnis der Kirchen im englischsprachigen Raum beigetragen hat.

Introduction

This book aims to help build bridges for understanding. It is meant for people who want to communicate with Christians from a different language background, and also for people who are more interested in the language content.
For many of the head words (in bold type) in the dictionary section the book provides background information (in italics). The appendix has additional information about the Bible and the church situation in the countries where the "other" language is spoken.

The authors wish to thank Michael Jobling from Milton Keynes, England, who contributed valuable suggestions based on his many years of experience of the English language church scene.

Abkürzungsverzeichnis / List of Abbreviations

Abkürzungsverzeichnis		List of Abbreviations
Maskulinum	*m.*	masculine (der)
Femininum	*f.*	feminine (die)
Neutrum	*n.*	neuter (das)
Plural	*pl.*	plural
Singular	*sing.*	singular
Verb	*v.*	verb
Adjektiv	*adj.*	adjective
Adverb	*adv.*	adverb
britisches Englisch	*GB*	British English
amerikanisches Englisch	*USA*	American English

A

abandon aufgeben; verlassen
abase erniedrigen, demütigen
abasement Erniedrigung *(f.)*, Demütigung *(f.)*
abide bleiben
ability Fähigkeit *(f.)*
abolish abschaffen
abomination Greuel *(m.)*
abortion Abtreibung *(f.)*
abound Überfluß haben
absence Abwesenheit *(f.)*
absolute absolut; Absolut *(n.)*
absolution Absolution *(f.)* *(Zuspruch der Vergebung, meist durch einen Priester)*
abstain sich enthalten
abundance Überfluß *(m.)*
abundant reichlich
abuse Mißbrauch *(m.)*
accept annehmen
access Zugang *(m.)*
accomplish vollenden, erreichen, leisten
accord Übereinstimmung *(f.)* **of one accord** einmütig
according to nach (Aussage von)
The Gospel according to Luke das Lukasevangelium
account Schilderung *(f.)*
accounts Kassenbericht *(m.)*, (Gemeinde-)Kasse *(f.)*
accurate zutreffend, genau
accuse anklagen
acetate sheet Overhead-Folie *(f.)*
ache Schmerz *(m.)*
achieve leisten, erreichen
achievement Leistung *(f.)*, Errungenschaft *(f.)*
acknowledge anerkennen, bestätigen
act handeln; darstellen
action Handlung *(f.)*; Aufregung *(f.)*
where the action is wo etwas los ist
add hinzufügen
addiction Sucht *(f.)*
adjust anpassen
administer verwalten
administration Verwaltung *(f.)*, Organisation *(f.)*
administrator Organisator/in, Verwalter/in
admit zugeben; hereinlassen
admonish ermahnen
admonition Ermahnung *(f.)*
adopt adoptieren
adore anbeten, bewundern
adulterate verfälschen
adulterer Ehebrecher/in
adultery Ehebruch *(m.)*
advance vorrücken, vorangehen
advantage Vorteil *(m.)*
advent Advent *(m.)*, Ankunft *(f.)*
advice Rat *(m.)*
advisable ratsam
adviser Ratgeber/in
affection Zuneigung *(f.)*
affectionate liebevoll, herzlich
affirmation Zustimmung *(f.)*, Bekräftigung *(f.)*
afflict belasten, heimsuchen
affliction Bedrängnis *(f.)*; Leiden *(n.)*, Krankheit *(f.)*
age Zeitalter *(n.)*, (Lebens-)Alter *(n.)*

aged alt, betagt
AGM (annual general meeting) Jahresgemeindestunde *(f.)*
agree (with) zustimmen, übereinstimmen (mit)
agreement Zustimmung *(f.)*, Abkommen *(n.)*
aid Hilfe *(f.)*
aim (at, for) zielen (auf), streben (nach)
aisle Gang *(m.) (zwischen Stuhlreihen im Kirchengebäude)*
alcohol Alkohol *(m.)*
alcoholic Alkoholiker/in
alert wachsam
alien fremd
alive lebendig
allegation (unbewiesene) Behauptung *(f.)*
almighty allmächtig
altar Altar *(m.)*
altar boy/girl Meßdiener/in
altar call *(USA)* Aufruf *(m.) (zur Entscheidung für Jesus in einem evangelistischen Gottesdienst)*
alto Alt *(m.) (Singstimme)*
always immer
amaze verblüffen, überraschen
amazement Verwunderung *(f.)*
ambassador Botschafter/in
ambition Bestreben *(n.)*; Ehrgeiz *(m.)*
amend ausbaden, wiedergutmachen
amillenial ohne Millenium *(Lehre, daß das Ende der Welt ohne vorangehende Endzeit kommt)*
among (mitten) unter
amoral amoralisch, unmoralisch
Anabaptist Wiedertäufer/in *(Gruppierung in der Zeit nach der Reformation)*
analyse analysieren, untersuchen
analysis Analyse *(f.)*, Untersuchung *(f.)*
ancestor Vorfahre *(m.)*, Ahne *(m.)*
ancient altertümlich
Andrew Andreas
angel Engel *(m.)*
anger Zorn *(m.)*
Anglican church staatliche Kirche in Großbritannien *(Church of England)*
Anglo-Catholic *(Richtung innerhalb der* Church of England, *die inhaltliche und zeremonielle Elemente des katholischen Glaubens übernimmt)*
angry zornig
anguish (Seelen-)Qual *(f.)*
announce ankündigen
announcement Ankündigung *(f.)*, Bekanntmachung *(f.)*
annual jährlich
annual general meeting Jahresgemeindestunde *(f.)*
anoint salben
anointing Salbung *(f.)*
anxiety Sorge *(f.)*, Besorgnis *(f.)*
anxious ängstlich, besorgt
apart einzeln, getrennt
apostle Apostel *(m.)*
apostolic apostolisch
appeal (to) appellieren (an)
appeal Aufruf *(m.) (Aufforderung bei einer evangelistischen Veranstaltung, sich öffentlich zu Gott hinzuwenden)*
appear erscheinen

appearance Erscheinung *(f.)*
appoint einsetzen, berufen
the appointed time die vorher bestimmte Zeit
appointment Termin *(m.)*
approach sich nähern, hinzutreten
appropriate passend, angemessen
appropriate sich aneignen
approve gutheißen, billigen
archangel Erzengel *(m.)*
archbishop Erzbischof/in
archer Bogenschütze *(m.)*
ark Arche *(f.)*
armour (*USA:* **armor**) Rüstung *(f.)*
aroma Aroma *(n.)*, Geruch *(m.)*
arrest Festnahme *(f.)*, Verhaftung *(f.)*
arrogant anmaßend
arrow Pfeil *(m.)*
article Artikel *(m.) (Definition eines Glaubensinhaltes in der Satzung einer Konfession)*
ascend gen Himmel fahren
ascension Himmelfahrt *(f.)*
ascension day Himmelfahrt *(m.) (Feiertag im Kirchenjahr)*
ascent Besteigung *(f.)*, Aufstieg *(m.)*
ascribe to zuschreiben
aside beiseite
ask bitten
assemble versammeln
Assemblies of God pfingstlicher Gemeindeverband *(m.)*
assembly Versammlung *(f.) (auch als Bezeichnung für einen Gottesdienst bzw. eine Gemeinde)*
assign zuweisen, zuschreiben
associate pastor zweite/r Pastor/in, Hilfspastor/in
association Vereinigung *(f.)*, Bund *(m.) (Zusammenschluß von Gemeinden einer Kirche oder Freikirche)*
assumption Vermutung *(f.)*
Assumption Mariä Himmelfahrt *(katholisches Fest)*
assurance Zusicherung *(f.)*; Zuversicht *(f.)*
assure zusichern, versprechen
astray: go astray in die Irre gehen
astrology Astrologie *(f.)*
asylum Asyl *(n.)*
atheism Atheismus *(m.)*
atheist Atheist/in
atone (for) sühnen
atonement Sühne *(f.) (im Alten Testament durch Tieropfer, im Neuen Testament durch das Opfer Jesu am Kreuz)*
atonement day Versöhnungstag *(m.)*
attack Angriff *(m.)*
attain erreichen
attempt Versuch *(m.)*
attempt versuchen
attention Aufmerksamkeit *(f.)*
attitude Haltung *(f.)*
Auntie Tante *(altmodische Bezeichnung für Lehrerinnen im Kindergottesdienst)*
author Urheber/in, Autor/in
authorship Urheberschaft *(f.)*
authority Autorität *(f.)*, Vollmacht *(f.)*
authorization Bevollmächtigung *(f.)*
avenge rächen

avoid vermeiden
awe Ehrfurcht *(f.)*

B

backslide vom Glauben abfallen
backslider Rückfällige/r *(Person, die vom Glauben abfällt oder nicht mehr danach lebt)*
balm Labsal *(f.) (veraltet)*
banish verbannen
banishment Verbannung *(f.)*
banquet Festmahl *(n.)*
baptise, baptize taufen
baptism Taufe *(f.)*
baptism in the Spirit Taufe im Heiligen Geist, Geistestaufe *(f.) (Erfüllung mit Gottes Kraft;* Holy Spirit, gifts of the Spirit*)*
baptism preparation Taufvorbereitung *(f.)*
baptismal classes Taufvorbereitung *(f.)*
baptist Täufer *(m.)*
Baptist church Baptistengemeinde *(f.)*
John the Baptist Johannes der Täufer
baptistry Taufkapelle *(f.)*; Taufbecken *(n.)*
barren unfruchtbar
barrier Hindernis *(n.)*
Bartholomew Bartholomäus
basic grundlegend
basics Grundlagen *(pl.)*
back to basics zurück zu den Grundlagen
basin Waschbecken *(n.)*
basket Korb *(m.)*
bass Baß *(m.) (Singstimme)*
bass guitar Baßgitarre *(f.)*
battle Gefecht *(n.)*, Schlacht *(f.)*
battlefield Schlachtfeld *(n.)*
bear ertragen *(veraltet:* gebären*)*
bear witness Zeugnis geben *(sich zum Glauben bekennen; über Glaubenserfahrungen berichten)*
beast Tier *(n.)*
beat schlagen
beatitude Seligpreisung *(f.) (Teil der Bergpredigt)*
beg betteln; anflehen
beget (er)zeugen *(veraltet)*
behalf: on behalf of für, im Namen von
behold sehen, erblicken *(veraltet)*
belief Glaube *(m.)*
believable glaubhaft
believer Gläubige/r, Glaubende/r
believer's baptism Glaubenstaufe *(f.)*
belly Bauch *(m., umgangssprachlich)*
belong to (an)gehören
beloved geliebt *(veraltet)*
belt Gürtel *(m.)*
benediction Segensspruch *(m.) (meist liturgisch)*
benefit Wohl *(n.)*, Nutzen *(m.)*
benevolence Wohlwollen *(n.)*, Freigebigkeit *(f.) (etwas veraltet)*
bestow schenken *(veraltet)*
betray verraten
betrayal Verrat *(m.)*
Bible Bibel *(f.)*
Bible college Bibelschule *(f.) (Studienstätte von Missionsgesellschaften, Freikirchen usw.)*

Bible study meeting Bibelstunde *(f.)*
biblical biblisch
bind binden
bird: kill two birds with one stone zwei Fliegen mit einer Klappe schlagen
birth Geburt *(f.)*
by birth gebürtig
new birth Wiedergeburt *(f.)*, Bekehrung *(f.)*
bishop Bischof/Bischöfin
bitten: once bitten, twice shy gebranntes Kind scheut das Feuer
blame beschuldigen, die Schuld geben
blameless ohne Schuld, untadelig
blasphemy Gotteslästerung *(f.)*
bleed bluten
blemish Makel *(m.)*
bless segnen
blessing Segen *(m.)* *(bezeichnet manchmal abstrakte, geistliche Werte, manchmal konkrete Werte wie materiellen Wohlstand)*
blind blind
blood Blut *(n.)* *(oft als Symbol für den stellvertretenden Opfertod Jesu)*
boast angeben, prahlen
body Körper *(m)*, Leib *(m.)*
body of Christ Leib Christi *(m.)* *(Symbol für die Ortsgemeinde und auch für die Gesamtheit aller Christen)*
»This is my body« »Dies ist mein Leib« *(Einsetzungsworte Jesu für das Abendmahl als Erklärung für die Bedeutung des Brotes)*
bold mutig, kühn, unerschrocken
boldness Kühnheit *(f.)* *(meist in Verbindung mit dem Mut, öffentlich vom Glauben zu reden)*
bond Band *(n.)*
bondage Gebundenheit *(f., Hilflosigkeit gegenüber belastenden Denkmustern, Verhaltensweisen usw.)*
books (of the Bible) Bücher *(pl.)* (der Bibel) *(die Bibel ist eine Sammlung von einzelnen »Büchern« – in evangelischen Bibeln 66, in katholischen Bibeln 74)*
border Grenze *(f.)*
born geboren
born again wiedergeboren *(bezeichnet Personen, die ein Bekehrungserlebnis hatten)*
bowl Schüssel *(f.)*, Schale *(f.)*
breach Verstoß *(m.)*, Bruch *(m.)*
breach of the law Gesetzesübertretung
bread Brot *(n.)*
Bread of Life das Brot des Lebens *(n.)* *(Bezeichnung für Jesus im Johannesevangelium, Kap. 6)*
break brechen
breaking of bread Brechen des Brotes *(Bezeichnung für das Abendmahl*
breastplate Panzer, Brustpanzer *(m.)* *(Teil der Rüstung beim römischen Militär; Teil der »geistlichen Waffenrüstung« eines Christen)*
breath Atem *(m.)* *(manchmal ein*

Symbol für das Leben, bzw. für den Heiligen Geist)
breathe atmen
Brethren church Brüdergemeinde *(f.)*
brevity Kürze *(f.)*
bride Braut *(f.)*
Bride of Christ Braut Christi *(Symbol für die Gemeinde)*
bridegroom Bräutigam *(m.) (manchmal ein Symbol für Christus)*
brightness Helligkeit *(f.)*, Glanz *(m.)*
brokenness Bußfertigkeit *(f.) (Bereitschaft, eigene Schuld zuzugeben und auf eigene Ansprüche zu verzichten)*
bronze Bronze *(f.)*
brother Bruder *(m.)*
brother in Christ Bruder in Christus *(Mitchrist)*
brother in law Schwager *(m.)*
brotherhood Bruderschaft *(f.)*
build bauen
bulletin Bekanntmachungsblatt *(n.)*
burden Last *(f.) (oft in der Bedeutung eines intensiv empfundenen Anliegens)*
burden bearer Bürdenträger *(m.)*
burial Begräbnis *(n.)*
burning bush brennender Busch *(m.)*
burnt gebrannt
burnt offering Brandopfer *(n.) (im Feuer verbranntes Tieropfer im Alten Testament)*
bury begraben, beerdigen
bush Busch *(m.)*
business Geschäft *(n.)*

C

calling Berufung *(f.)*
callous herzlos
calm ruhig
Calvary Golgatha
Calvinist calvinistisch *(streng bibelgläubige Richtung in einigen evangelischen Freikirchen)*
camel Kamel *(n.)*
cancel absagen, streichen
canon Kanon *(Definition, welche Bücher zur Bibel gehören)*
capital Hauptstadt *(f.)*
captive gefangen
captivity Gefangenschaft *(f.)*
card-carrying linientreu, eingefleischt *(ironisch)*
card-carrying charismatic linientreue/r Charismatiker/in *(ironisch)*
care Fürsorge *(f.)*
careful vorsichtig, sorgfältig
cast werfen *(etwas veraltet)*
casting out demons Dämonen austreiben
cathedral Dom *(m.)*, Kathedrale *(f.)*
cause Ursache *(f.)*
cave Höhle *(f.)*
celebrate feiern
celebration Feier *(f.)*
cell group Zelle *(f.)*, Hauskreis *(m.)*
cemetery Friedhof *(m.)*
censer Weihrauchfaß *(n.)*
century Jahrhundert *(n.)*
ceremony Zeremonie *(f.)*, Feier-

lichkeit *(f.)*
certain bestimmt, sicher
certificate Urkunde *(f.)*, Zeugnis *(n.)*
chaff Spreu *(f.)*
separate the chaff from the wheat die Spreu vom Weizen trennen
chain Kette *(f.)*
chalice Kelch *(m.) (beim Abendmahl, besonders in traditionellen Kirchen)*
challenge Herausforderung *(f.)*
chamber Zimmer *(n.)*, Kämmerlein *(n.) (Raum, in den man sich zurückziehen kann, um allein zu beten)*
change ändern
change of heart Sinneswandel *(m.)*
chapel Kapelle *(f.) (kleines Kirchengebäude, oft freikirchlich)*
chaplain Kaplan *(m.)*
university chaplain Studentenpfarrer/in
chapter Kapitel *(n.) (Textabschnitt innerhalb eines biblischen Buches)*
charismatic charismatisch; Charismatiker/in *(meistens als Bezeichnung für Christen, die die Geistesgaben praktizieren)*
charitable wohltätig
charity Wohltätigkeit *(f.)*, Spendenfreudigkeit *(f.) (veraltet:* Liebe*)*
cheat betrügen
cheek Wange *(f.)*
turn the other cheek die andere Wange hinhalten
cheerful fröhlich, optimistisch
child Kind *(n.)*
child baptism Kindertaufe *(f.) (an Säuglingen oder größeren Kindern; vgl. auch* infant baptism*)*
child-like kindlich *(meist als positive Bewertung eines schlichten Vertrauens auf Gott)*
children's worker Kindermitarbeiter/in *(meist ehrenamtliche/r Gruppenleiter/in in der Kinderarbeit einer Gemeinde)*
choice Wahl *(f.)*
choir Chor *(m.)*
choirmaster, choirmistress Chorleiter/in
chorale Choral *(m.)*
chord Akkord *(m.) (in der Musik)*;
chord Schnur *(f.) (veraltet)*
chorus Chorus *(m.) (kurzes, meist moderneres Anbetungslied)*
chorus Refrain *(m.)*
chosen auserwählt
the chosen die Auserwählten *(diejenigen, die zum Glauben gekommen sind)*
chrism Salböl *(n.)*, Ölung *(f.) (meist katholisch bzw. orthodox)*
Christ Christus *(m.) (Titel von Jesus von Nazareth: »der Gesalbte«)*
christening Taufe *(f.)*, *(meist* Kindertaufe) *(f.) (besonders in der* Church of England*)*
Christian Christ/in *(allgemeiner Gebrauch: jemand, der eine noch so vage Verbindung zu einer Kirche hat; spezifischer Ge-*

brauch: jemand, der Christus entschieden nachfolgt)
Christian christlich *(adj.)*
Christian Union christliche Gruppe an einer Schule oder Hochschule *(vergleichbar mit der Studentenmission bzw. Schülermission in Deutschland)*
Christianity Christentum *(n.)*
Christmas Weihnachten *(n.)* *(Feier der Geburt Jesu)*
chronological chronologisch
church Kirche *(f.)*, Gemeinde *(f.)* *(kann sich auf das Gebäude, die Organisation oder die Mitglieder beziehen)*
church council Kirchenvorstand *(m.) (vorwiegend in der* Church of England*)*
church discipline Gemeindezucht *(f.) (Maßnahmen, um die Maßstäbe der Gemeinde in bezug auf Moral oder Glaubensinhalte einzuhalten; in extremen Fällen Ausschluß aus der Gemeinde)*
church growth Gemeindewachstum *(n.)*, Gemeindeaufbau *(m.)*
church history Kirchengeschichte *(f.)*
church hopper *(jemand, der von Gemeinde zu Gemeinde wandert und sich in keiner Gemeinde längerfristig engagiert)*
church meeting Gemeindestunde *(f.) (meistens mit organisatorischem Inhalt)*
church planting Gemeindegründung *(f.)*, Gemeindepflanzung *(f.)* *(bezieht sich auf neue Ortsgemeinden bestehender Konfessionen und auf unabhängige neue Gemeinden)*
church service Gottesdienst *(m.)*
circle Kreis *(m.)*
circumcise beschneiden *(Ritus im Alten Testament; wurde an männlichen Babys durchgeführt)*
circumcision Beschneidung *(f.)*
citizen Bürger/in
citizenship Staatsangehörigkeit *(f.)*
civic städtisch
civil authorities weltliche Obrigkeit *(f.)*
civil rights Bürgerrechte *(pl.)*
civil servant Beamte/r
claim Anspruch *(m)*, Anrecht *(n.)*
claim beanspruchen
clap klatschen
clap hands in die Hände klatschen
clay Ton *(m.)*, Lehm *(m.)*
clean sauber; rein
cleanliness is next to godliness Sauberkeit ist wie Frömmigkeit
clergy Geistlichkeit *(f.) (allgemeiner Begriff für Pfarrer, Pastoren usw.)*
climax Höhepunkt *(m.)*
cloak Umhang *(m.)*, Mantel *(m.)*
close Schluß *(m.)*, Ende *(n.)*
close schließen
close nahe *(adj.)*
cloud Wolke *(f.)*
collect (ein)sammeln
collection Kollekte, Geldsammlung *(f.)*

comfort in times of trouble Trost in Zeiten der Not
command Befehl *(m.)*
commandment Gebot *(n.)*
the Ten Commandments die Zehn Gebote
commentary Kommentar *(m.) (Buch mit Hintergrundinformationen und Erläuterungen zu Büchern der Bibel)*
commission Auftrag *(m.)*
Great Commission Missionsbefehl *(m.) (von Jesus gestellte Aufgabe, in aller Welt Nachfolger für ihn zu gewinnen)*
commit begehen
commit murder/adultery/... Mord/Ehebruch/... begehen
commitment Hingabe *(f.)*
committed hingegeben, verbindlich
a committed Christian ein/e entschiedene/r Christ/in
commotion Aufruhr *(m.)*
companion Gefährte *(m.)*
comparable vergleichbar
compare vergleichen
compassion Mitleid *(n.)*
competition Wettbewerb *(m.)*, Konkurrenz *(f.)*
complain sich beschweren
complaint Beschwerde *(f.)*
complete vollenden
completion Vollendung *(f.)*
concern betreffen
concern Anliegen *(n.)*
concerned besorgt
conclusion Schluß *(m.)*
conclusion of a meeting Ende einer Veranstaltung;
draw a conclusion einen Schluß ziehen, folgern
concordance Konkordanz *(f.) (Fundstellenverzeichnis für biblische Begriffe)*
condemn verurteilen, verdammen
condemnation Verdammnis *(f.)*, Verurteilung *(f.)*
condition Zustand *(m.)*
conduct leiten, gestalten *(f.)*
conduct a service einen Gottesdienst abhalten
conference Konferenz *(f.)*, Kongreß *(m.)*
confess bekennen
confess sins Sünden bekennen
confess one's faith sich zum Glauben bekennen
confession Bekenntnis *(n.) (Sündenbekenntnis; maßgebliches Glaubensbekenntnis einiger Kirchen)*
confidence Zuversicht *(f.)*
confident sicher, zuversichtlich
confirm bestätigen
confirmation Bestätigung *(f.)*
Confirmation Konfirmation *(f.) (Gottesdienst, in dem die – meist jugendlichen – Kandidaten ihren Glauben förmlich bestätigen; besonders in der* Church of England*)*
confound verwirren, *(mit Worten)* überwältigen
congregation Gemeinde *(f.) (Gesamtbegriff für diejenigen, die an einem Gottesdienst teilnehmen)*
Congregational church *(evangelische Freikirche)*

conscience Gewissen *(n.)*
consecrate weihen, einsegnen
consecration Weihe *(f.)*, Segnung *(f.)*
consent Erlaubnis *(f.)*
consequence Folge *(f.)*, Konsequenz *(f.)*
conservative traditionell, konservativ
conservative evangelical evangelikal
consider bedenken
constant beständig
consume verzehren, verbrauchen
contemporary zeitgenössisch
contempt Verachtung *(f.)*
contents Inhalt *(m.)*; Inhaltsverzeichnis *(n.)*
contest Wettbewerb *(m.)*
context Zusammenhang *(m.)*
continue fortfahren, fortsetzen
contribute beitragen
contribution Beitrag *(m.)*
convenant Bund *(m.)*
convent Kloster *(n.)* *(für Frauen)*
convention Kongreß *(m.)*, Konferenz *(f.)*
conversion Bekehrung *(f.)* *(Erfahrung, bei der man Gott bittet, die Sünden zu vergeben und die Herrschaft über das weitere Leben zu übernehmen)*
convert bekehren
new convert Neubekehrte/r
convict überführen
be convicted überführt werden *(erkennen, daß das eigene Denken oder Handeln falsch ist)*
conviction Überzeugung *(f.)*
convince überzeugen
copy Kopie *(f.)*
cord Schnur *(f.)*
correct verbessern
correction Korrektur *(f.)*
council Ratsversammlung *(f.)*
counsel Rat(schlag) *(m.)* **take counsel** sich beraten *(veraltet)*
counseling *(USA)*, **counselling** *(GB)* Seelsorge *(f.)*
count zählen
courage Mut *(m.)*
court(yard) Vorhof *(m.)* *(z.B. im jüdischen Tempel)*
covenant Bund *(m.)* *(Übereinkunft mit gegenseitigen Versprechungen, besonders zwischen Gott und Menschen)*
the new covenant der Neue Bund *(m.)* *(die neue Beziehung zu Gott, die durch Jesus möglich wurde)*
covet begehren *(veraltet)*
crafty trickreich, listig
create (er)schaffen
created geschaffen
creation Schöpfung *(f.)*
creationism Kreationismus *(m.)* *(Glaube an die Erschaffung der Welt in sieben Tagen, im Gegensatz zur Theorie der Evolution)*
creator Schöpfer *(m.)*
credibility Glaubwürdigkeit *(f.)*
credible glaubwürdig
credit: give credit to glauben, anerkennen
creed Glaubensbekenntnis *(n.)* *(kurze Formulierung der wich-*

tigsten Inhalte des Glaubens)
cremation Feuerbestattung *(f.)*
criticise, criticize kritisieren
criticism Kritik *(f.)*
crooked krumm *(geometrische Form oder unehrliche Moral)*
cross Kreuz *(n.) Symbol für den Tod Jesu, die zentrale historische Tatsache des christlichen Glaubens)*
come to the cross zum Kreuz kommen *(zum Glauben an den gekreuzigten Jesus kommen)*
crow Krähe *(f.)*
crowd Menschenmenge *(f.)*
crown Krone *(f.) (manchmal als Symbol für die Herrschaft Christi)*
crucifixion Kreuzigung *(f.) (Hinrichtungsmethode im Römischen Reich)*
crucify kreuzigen
crush Gedränge *(n.)*
crush (zer)quetschen; zusammenpressen; niederschlagen
cry Schrei *(m.)*
cry weinen **cry out** laut rufen
culmination Höhepunkt *(m.)*
culture Kultur *(f.)*
cunning schlau
cup Kelch *(m.) (beim Abendmahl, besonders in Freikirchen)*
curate Vikar/in *(angehende/r Pastor/in im Gemeindepraktikum, besonders in der* Church of England*)*
cure *(mit ärztlichen Mitteln)* heilen
cure of souls seelsorgerliche Verantwortung *(veraltet)*
curse Fluch *(m.) (eine Aussage, die Unglück, Verdammung oder andere negative Folgen beschreibt oder verursacht)*
curtain Vorhang *(m.)*
cymbal Zimbel *(f.) (musikalisches Schlaginstrument)*

D

danger Gefahr *(f.)*
dare wagen
dark dunkel
darkness Dunkelheit *(f.) (auch für Situationen, in denen das Licht Gottes fehlt)*
daughter Tochter *(f.)*
dawn Morgendämmerung *(f.)*
day Tag *(m.)*
day of atonement Versöhnungstag *(m.) (Jom Kippur, jüdisches Fest)*
daylight Tageslicht *(n.)*
deacon Diakon/in *(Mitglied der Leiterschaft einer Gemeinde)*
deaf taub
dean Dekan/in
Dear friends Ihr Lieben, Liebe Gemeinde *(oft als Einleitung zur Predigt)*
death Tod *(m.)*
deathly tödlich
debate Debatte *(f.)*, Diskussion *(f.)*
debauchery Sittenlosigkeit *(f.)*
debt Schuld *(f.)*; Schulden *(pl.)*
debtor Schuldner/in
decay verfallen, verwesen
deceitful hinterlistig
deceive betrügen
deceiver Betrüger/in

decent anständig
deception Täuschung *(f.)*
decide entscheiden
decision Entscheidung *(f.)*
decrease Abnahme *(f.)*, Verringerung *(f.)*
decrease abnehmen, (sich) reduzieren
decree Dekret *(n.)*, Erlaß *(m.)*
dedicate widmen
dedication Segnung *(f.)*; Hingabe *(f.)*; Widmung *(f.)*
deed Tat *(f.)*
deep tief
defeat Niederlage *(f.)*
defeat besiegen
defenceless schutzlos
defend verteidigen
defender Verteidiger/in, Beschützer/in
defile entweihen, verunreinigen
defraud betrügen
defray Kosten bestreiten
deity Gottheit *(f.)*
delay Verzögerung *(f.)*
deliberate absichtlich
deliberate besprechen, erörtern
delicacy Leckerbissen *(m.)*
delight Freude *(f.)*
delight in sich erfreuen an
deliver befreien
deliver us from evil befreie uns von dem Bösen
deliverance Befreiung *(f.)*
delude täuschen
delusion Täuschung *(f.)*
demand verlangen
demon Dämon *(m.)* *(unsichtbares geistliches Wesen im Dienst Satans)*
driving out demons Dämonenaustreibung
demonstrate demonstrieren
demonstration Demonstration *(f.)*
demonstration of God's power sichtbarer Beweis für Gottes Macht
demythologism Entmythologisierung *(f.)*
denial Leugnung *(f.)*
denomination Konfession *(f.)*, Gemeindeverband *(m.)* *(wird gleichermaßen für Kirchen und Freikirchen verwendet)*
denote bezeichnen
deny leugnen
depart abreisen
dependability Zuverlässigkeit *(f.)*
depraved sittlich verdorben
depressed niedergeschlagen, deprimiert
depression Depression *(f.)*
depth Tiefe *(f.)*
descend herabsteigen
descendant Nachkomme *(m.)*
describe beschreiben
description Beschreibung *(f.)*
desecrate schänden
desecration Entweihung *(f.)*
desert Wüste *(f.)*
deserter Deserteur *(m.)*
deserve verdienen
designate bezeichnen
desirable wünschenswert
desire Wunsch *(m.)*
desire wünschen
desolate *(v.)*: verwüsten; *(adj.)*: öde,

verlassen
despair Verzweiflung *(f.)*
despair verzweifeln
destiny Schicksal *(n.)*
destroy zerstören
destroyer Zerstörer *(m.)*
destruction Zerstörung *(f.)*
determination Entschlossenheit *(f.)*
determine bestimmen
detest verabscheuen
detour Umweg *(m.)*
develop entwickeln
development Entwicklung *(f.)*
deviate abweichen
deviation Abweichung *(f.)*
devil Teufel *(m.) (höchste, gegen Gott gerichtete geistliche Macht, Satan)*
devote widmen
devotion Hingabe *(f.)*
devotions Stille Zeit *(f.)*, Gebetszeit *(f.)*
devour verschlingen
devout andächtig, fromm
diaconate Diakonenkreis *(m.)*, Gemeindevorstand *(m.) (vorwiegend in Freikirchen)*
die sterben
difference Unterschied *(m.)*
different verschieden
difficult schwierig
diligence Fleiß *(m.)*
diligent fleißig
diocese Diözese *(f.)*, Kirchenkreis *(m.)*
direct direkt
dirge Grabgesang *(m.) (wird auch für eintönige, langweilige Kirchenlieder verwendet)*
disabled behindert
physically disabled körperbehindert;
mentally disabled geistig behindert
disagree anderer Meinung sein
disagreement Meinungsverschiedenheit *(f.)*
disappear verschwinden
disappoint enttäuschen
disaster Katastrophe *(f.)*
disbelief Unglaube *(m.)*
discern unterscheiden, abwägen; erkennen
discernment Unterscheidung *(f.)*; Einsicht *(f.)*
discernment (of spirits) Unterscheidung (der Geister)
gift of discernment Gabe der Unterscheidung *(Fähigkeit, die geistlichen Ursachen einer Äußerung oder einer Verhaltensweise zu erkennen)*
disciple Jünger *(m.)*
the twelve disciples of Jesus die zwölf Jünger Jesu
discipleship Jüngerschaft *(f.)*, Nachfolge *(f.)*
discipline Disziplin *(f.)*
discipling zu Jüngern machen *(andere in der Nachfolge Jesu anleiten)*
disclose offenbaren
discourage entmutigen
discouragement Entmutigung *(f.)*
discourse Rede *(f.)*, Vortrag *(m.)*, Predigt *(f.)*
discredit diskreditieren, in Miß-

kredit bringen
discretion Zurückhaltung *(f.)*, Diskretion *(f.)*
discuss besprechen, diskutieren
disease Krankheit *(f.)*
disgrace Ungnade *(f.)*
fall into disgrace in Ungnade fallen
dishonest unehrlich
dishonour *(GB)*, **dishonor** *(USA)* entehren
disobedience Ungehorsam *(m.)*
disobey trotzen, den Gehorsam verweigern
disown leugnen
dispensation Zeitalter *(n.)* *(Abschnitt in Gottes Zeitplan für diese Welt*
dispense austeilen
display zeigen
disputable strittig
dispute Streitigkeit *(f.)*, Auseinandersetzung *(f.)*
dispute bestreiten
dissension Zwietracht *(f.)*, Streit *(m.)*
distinguish unterscheiden
distress Kummer *(m.)*, Bedrängnis *(f.)*
distribute verteilen
distribution Austeilung *(f.)*
district Gebiet *(n.)*, Bezirk *(m.)*
divide teilen
divination Weissagung *(f.)* *(übernatürliche Erkenntnisse)*
divine göttlich
divine dispensation göttliche Fügung *(f.)*
divine service Gottesdienst *(m.)*
divinity Gottheit *(f.)*
division Spaltung *(f.)*, Teilung *(f.)*
divorce Ehescheidung *(f.)*
divorced geschieden
doctrine Lehre *(f.)* *(lehrmäßige Formulierung von Glaubensinhalten)*
dome Kuppel *(f.)*
dominion Herrschaft *(f.)*
donation Spende *(f.)*
donkey Esel *(m.)*
doom Verhängnis *(n.)*, (böses) Schicksal *(n.)*
double doppelt
doubt Zweifel *(m.)*
doubt zweifeln
doubtful zweifelhaft
dove Taube *(f.)* *(manchmal als Symbol für den Heiligen Geist)*
dragon Drache *(m.)* *(manchmal als Symbol für den Teufel)*
drama Sketch *(m.)*, Drama *(n.)*
dread fürchten, befürchten
dreadful schrecklich
dream Traum *(m.)*
dream träumen
drink offering Trankopfer *(n.)* *(Opferform im Alten Testament)*
drive out austreiben
drive out demons Dämonen austreiben *(Menschen vom Einfluß böser Geister befreien)*
drown ertrinken
drums *(pl.)* Schlagzeug *(n.)*
dry trocken
dumb stumm
dust Staub *(m.)*
shake the dust from the feet den Staub von den Füßen schütteln

(als Symbol für Gottes Mißfallen)
dutiful gehorsam, pflichtbewußt
duty Pflicht *(f.)*
dwell wohnen *(etwas veraltet)*
dwelling Wohnung *(f.)*, Hütte *(f.)*

E

eagle Adler *(m.)*
ear Ohr *(n.)*
early church Urgemeinde *(f.)* *(christliche Gemeinde in der Frühzeit des Christentums, wie sie in der Apostelgeschichte geschildert wird)*
earth Erde *(f.)*
earthen vessel irdenes Gefäß *(n.)* *(bildhafter Ausdruck für unsere Unvollkommenheit als Christen)*
earthly irdisch
earthquake Erdbeben *(n.)*
east ost; Osten *(m.)*
Easter Ostern *(Feier der Auferstehung Jesu)*
eat essen
ecumenism Ökumene *(f.)* *(eine Bewegung, die Zusammenarbeit zwischen Kirchen fördern will, unabhängig von Unterschieden in der Theologie)*
edict Erlaß *(m.)*
edifying erbaulich *(ermutigend, aufbauend)*
effect Wirkung *(f.)*
effort Anstrengung *(f.)*
effortless mühelos
Egyptian ägyptisch; Ägypter/in
elapse verstreichen *(Zeit)*
elder Älteste/r *(Mitglied der Gemeindeleitung, besonders in einer Freikirche)*
elect wählen
the elect die Auserwählten
election Erwählung *(f.)* *(die Lehre, daß wir Christen werden, weil Gott uns dazu auserwählt hat)*
Elijah Elia
Elisha Elisa
emotion Gefühl *(n.)*, Emotion *(f.)*
emotional gefühlsmäßig
emphasis Betonung *(f.)*
emphasize nachdrücklich betonen
empire Reich *(n.)*
the Roman Empire das Römische Reich
employ beschäftigen
employee Angestellte/r
employer Arbeitgeber/in
employment Beschäftigung *(f.)*, Arbeit *(f.)*
emptiness Leere *(f.)*
empty leer
enable befähigen
encourage ermutigen
encouragement Ermutigung *(f.)*
end Ende *(n.)*
the end die Endzeit *(f.)*
endurance Ausdauer *(f.)*
endure aushalten
enemy Feind *(m.)*
engaged verlobt
get engaged sich verloben
engagement Verlobung *(f.)*; Termin *(m.)*
enlighten erleuchten
enrich bereichern

enrichment Bereicherung *(f.)*
enter eintreten in
entertain Gäste empfangen; Unterhaltung bieten
enthrone Jesus Jesus auf den Thron setzen *(meist in Gebeten als Symbol dafür, daß seine Herrschaft anerkannt wird)*
entrance Eingang *(m.)*
envious neidisch
environment Umwelt *(f.)*
environmental pollution Umweltverschmutzung *(f.)*
envy Neid *(m.)*
epilogue Epilog *(m.)*, Schlußbemerkung *(f.)* *(besonders am Ende eines Buches oder einer Veranstaltung)*
episcopal bischöflich
epistle Brief *(m.)*, Sendschreiben *(n.)* *(traditionelle Bezeichnung für die Briefe im Neuen Testament)*
equal gleich
equality Gleichheit *(f.)*
equip ausrüsten
equipment Ausrüstung *(f.)*
equivalent gleichwertig; Gegenwert *(m.)*
erronous irrtümlich, falsch
error Fehler *(m.)*
escape Flucht *(f.)*, Entkommen *(n.)*
escape entkommen, fliehen
eschatology Eschatologie *(f.)* *(Lehre von der Endzeit)*
especially besonders
establish gründen; festigen; beweisen
establishment Gründung *(f.)*; Einrichtung *(f.)*; Institution *(f.)*
eternal ewig
eternity Ewigkeit *(f.)*
evangelical evangelikal *(Glaubensrichtung, die die Bibel als Maßstab der Wahrheit anerkennt)*
Evangelical Alliance Evangelische Allianz
evangelism Evangelisation *(f.)*, Mission *(f.)* *(das Bestreben, andere für den Glauben an Jesus zu gewinnen)*
evangelist Evangelist/in *(jemand, der/die viel Zeit damit verbringt, anderen die Botschaft von Jesus zu vermitteln)*
evangelistic missionarisch *(bezieht sich auf Aktivitäten oder Personen, die das Ziel verfolgen, anderen die Botschaft von Jesus zu vermitteln)*
evangelistic campaign/evangelistic crusade Mission *(f.)*, Zeltmission *(f.)*
evangelize das Evangelium weitersagen
eve Vorabend *(m.)*, Vortrag *(m.)*
Christmas Eve Heiligabend
evening Abend *(m.)*
event Ereignis *(n.)*
ever jemals
for ever für immer
for ever and ever in Ewigkeit
everlasting ewig
evidence Beweis *(m.)*, Beweismittel *(n.)*, Hinweis *(m.)*
evil böse, übel
evil spirit böser Geist *(m.)*, Dämon *(m.)* *(unsichtbares geist-*

liches Wesen im Dienst Satans)
the evil one der Böse; Satan
the lesser of two evils das kleinere Übel
evildoer Übeltäter/in
evolution Evolution *(f.) (Theorie über die biologische Entwicklung der verschiedenen Lebensformen)*
exalt erheben, verehren
exaltation Begeisterung *(f.)*
exalted erhaben
exam Prüfung *(f.)*, Examen *(n.)*
examination Prüfung *(f.)*, Examen *(n.)*
examine prüfen
example Vorbild *(n.)*, Beispiel *(n.)*
excavate ausgraben
excavation Ausgrabung *(f.) (besonders an historischen Stätten, z.B. an den Orten, die in der Bibel erwähnt werden)*
except außer
exception Ausnahme *(f.)*
exchange tauschen
excited aufgeregt
execute ausführen; hinrichten
execution Ausführung *(f.)*, Hinrichtung *(f.)*
exercise Übung *(f.)*
exercise üben
exhaustion Erschöpfung *(f.)*
exhort ermahnen
exhortation Ermahnung *(f.)*
exist existieren
existence Existenz *(f.)*
this existence dieses Leben
existence of God Existenz Gottes *(Begriff aus der philosophischen Diskussion über die Frage, ob Gott wirklich existiert)*
Existentialism Existentialismus *(m.) (philosophische Richtung im 20. Jahrhundert)*
exodus from Egypt Auszug aus Ägypten
exorcism Exorzismus *(m.) (Bezeichnung für Dämonenaustreibung; wird meist in sensationeller Weise gebraucht)*
expand ausbreiten, erweitern
expansion Ausbreitung *(f.)*
explain erklären
explanation Erklärung *(f.)*, Erläuterung *(f.)*
extend sich ausdehnen, sich erstrecken
extensive umfassend
extinguish auslöschen
extreme unction letzte Ölung *(f.)*
eye Auge *(n.)*
an eye for an eye Auge um Auge
eye witness Augenzeuge/Augenzeugin

F

face Gesicht *(n.)*
fact Tatsache *(f.)*
faction Splittergruppe *(f.)*, interne Uneinigkeit *(f.)*
fail versagen, mißlingen
failure Mißerfolg *(m.)*
faith Glaube *(m.)*, Vertrauen *(n.)*
faith healing Heilung durch den Glauben *(Vertrauen auf übernatürliche Heilung als Antwort auf das Gebet)*
faith movement Glaubensbe-

wegung *(f.) (christliche Bewegung, die besonders betont, daß ein Gebet im Glauben Wunder wirken kann)*
  faithful treu, zuverlässig
fall Sündenfall *(erste Sünde durch Eva und Adam)*
  fall away (from the faith) abfallen (vom Glauben)
  fallen gefallen, sündig
false falsch
  false teaching Irrlehre *(f.)*
familiarity breeds contempt was allzu vertraut ist, beachtet man nicht
family Familie *(f.)*
famine Hungersnot *(f.)*
fanatic schwärmerisch, fanatisch
  fanatic Fanatiker/in, Schwärmer/in
fast fasten
  day of fasting Fastentag *(m.)*
father Vater *(m.)*
  God the Father Gott Vater
  fatherless vaterlos
fathom ergründen
fault Fehler *(m.)*, Schuld *(f.)*
  it's my fault ich bin schuld
  faultless fehlerfrei
favour *(GB)*, **favor** *(USA)* Gunst *(f.)*
  do somebody a favour jemandem einen Gefallen tun
fear Furcht *(f.)*, Angst *(f.)*
  fear of God (Ehr-)Furcht vor Gott
  fearful ängstlich, zaghaft
  fearless furchtlos
feast Fest *(n.)*, Festmahl *(n.)*
fee Honorar *(n.)*, Gebühr *(f.)*
feeble schwach
feed speisen, versorgen *(manchmal als Symbol für geistliche Auferbauung)*
fellowship Gemeinschaft *(f.)*
female weiblich
festival Fest *(n.)*, Feier *(f.)*
fever Fieber *(n.)*
few wenige
fierce aggressiv
fiery arrows feurige Pfeile *(Symbol für Versuchungen oder Schwierigkeiten)*
fig Feige *(f.) (Frucht)*
fight Kampf *(m.)*
  fight kämpfen
fill füllen
  filled with the Holy Spirit erfüllt mit dem Heiligen Geist
find finden
finger Finger *(m.)*
finish beenden
fire Feuer *(n.) (manchmal als Symbol für den Heiligen Geist, manchmal als Symbol für das Gericht Gottes)*
firm fest
  stand firm fest bleiben, festen Bestand haben
firstborn Erstgeborener *(m.) (der erstgeborene Sohn hatte einen besonderen Rang in jüdischen Familien in der biblischen Zeit)*
  firstfruits Erstlinge *(f.) (der erste Teil der Ernte und das erste Jungtier eines Nutztieres spielten eine besondere Rolle in den Opfern im Alten Testament)*

fish Fisch *(m.)*
fisher(men) Fischer *(m.) (Beruf einiger der Jünger Jesu; Symbol für unsere Aufgabe, anderen von ihm zu erzählen)*
fit passend
fix befestigen
flame Flamme *(f.)*
flatter schmeicheln
flattering schmeichelhaft
flattery Schmeichelei *(f.)*
flaw Mangel *(m.)*, Defekt *(m.)*, Fehler *(m.)*
flawless fehlerfrei
flee fliehen
fleeting flüchtig
flesh Fleisch *(n.) (bezieht sich meist auf unsere Anfälligkeit für Sünde)*
flock Herde *(f.) (oft als Symbol für die Gemeinde)*
flood Sintflut *(f.)*, Überflutung *(f.)*
flower Blume *(f.)*
flute Flöte *(f.)*
focus Schwerpunkt *(m.)*, Brennpunkt *(m.)*
focus on sich konzentrieren auf, ins Visier nehmen
follow folgen, nachfolgen
follower Jünger/in, Nachfolger/in
font Taufbecken *(n.) (Behälter für eine geringe Wassermenge für die Taufe durch Besprengen, besonders an Säuglingen)*
food Speise *(f.)*, Nahrung *(f.)*
spiritual food geistliche Nahrung
fool Narr/Närrin *(bezieht sich in der Bibel manchmal auf Personen, die Gott nicht ernst nehmen)*
foolish töricht
foolishness Torheit *(f.)*
footsteps Fußstapfen *(f.)*
follow in his footsteps in seine Fußstapfen treten *(d.h. seinem Beispiel folgen)*
footstool Schemel *(m.)*
for ever für immer
for ever and ever in Ewigkeit, immerdar
forbid verbieten
forefathers Vorfahren
foreign fremd, ausländisch
foreknowledge vorheriges Wissen *(n.)*
forerunner Vorbote *(m.)*
foreskin Vorhaut *(f.) (wird bei der Beschneidung abgeschnitten)*
forget vergessen
forgive vergeben
forgiveness Vergebung *(f.) (das Kernstück der christlichen Botschaft ist, daß Gott uns Vergebung für alles anbietet, was wir falsch gemacht haben)*
formidable einschüchternd, gewaltig
forsake aufgeben, preisgeben
forth: go forth hinausgehen
fortune Vermögen *(n.)*, Reichtum *(m.)*
foundation Stiftung *(f.)*, Gründung *(f.)*
founder Gründer/in
fountain Springbrunnen *(m.)*
frail zerbrechlich *(f.)*
free frei
free will der freie Wille
freedom Freiheit *(f.)*
freely reichlich, großzügig *(be-*

sonders in bezug auf die Großzügigkeit, mit der Gott uns beschenkt)
friend Freund/in
boyfriend fester Freund *(eines Mädchens)*
girlfriend feste Freundin *(eines Jungen)*
friendship Freundschaft *(f.)*
fright Schreck *(m.)*
frighten erschrecken, ängstigen
frightful schrecklich
fruit (of the Spirit) Frucht (des Geistes) *(f.) (besonders als Symbol für die Charaktereigenschaften, die Gott in Christen bewirken möchte)*
fruitful fruchtbar
fruitless unfruchtbar
fulfil erfüllen, vollbringen
fulfillment Erfüllung *(f.)*, Zufriedenheit *(f.)*
Full Gospel Businessmen's Fellowship Geschäftsleute des vollen Evangeliums *(pfingstlich/charismatische Organisation)*
fullness Fülle *(f.) (oft als Symbol für einen Lebensstil, der die Kraft und Liebe Gottes demonstriert)*
fundamentalism Fundamentalismus *(Glaubensrichtung, die sich streng an den Wortlaut des Bibeltextes hält und kontextuelle Fragen weitgehend ausklammert)*
funeral Trauerfeier *(f.)*
furious wütend
future Zukunft *(f.)*

G

gain Gewinn *(m.)*
gain gewinnen, erreichen
gamble spielen, wetten *(im Glücksspiel)*
gamble Risiko *(n.)*, riskante Angelegenheit *(f.)*
garden Garten *(m.)*
garden of Eden der Garten Eden
garment Gewand *(n.)*
gate Pforte *(f.)*, Tor *(n.)*
the narrow gate die enge Pforte
gather sammeln
gathering Zusammenkunft *(f.)*, Veranstaltung *(f.)*
gaze starren, schauen
genealogical tree Stammbaum *(m.)*
genealogyStammbaumforschung *(f.)*
generation Generation *(f.)*
generous großzügig, freigebig
gentile heidnisch, nicht-jüdisch
Gentile Nicht-Jude *(m.)*, Heide/Heidin
gentle sanft, mild
gentle in spirit sanftmütig
gentleness Güte *(f.)*, Milde *(f.)*
genuine echt
get religion *(meist USA)*, **get religious** fromm werden
ghost Gespenst *(n.)*
Holy Ghost Heiliger Geist *(veraltet)*
gift Geschenk *(n.)*, Gabe *(f.)*; übernatürliche Fähigkeit *(f.)*
gift of ... Gabe des/der ...
gifts of the Spirit Geistesgaben *(pl.) (übernatürliche Fähigkeiten,*

die vom Heiligen Geist verliehen werden)
spiritual gifts Geistesgaben
girded umgürtet
give geben; spenden
glad erfreut, froh
gladness Freude *(f.)*
glorification Verherrlichung *(f.)*
glorify verherrlichen *(meist bezogen auf Lob und Anbetung Gottes)*
glorious herrlich, ruhmreich, prächtig
glory Ehre *(f.)*, Ruhm *(m.)*
glutton Vielfraß *(m.)*
gluttony Völlerei *(f.)*, Freßsucht *(f.)*
gnashing of teeth Zähneknirschen *(n.)*
goal Ziel *(n.)*
God Gott *(m.)*
false gods Götzen *(m.)*
God the Father Gottvater *(m.)*
Father, Son and Holy Spirit Vater, Sohn und Heiliger Geist
God-fearing gottesfürchtig
godfather/godmother Pate/Patin *(Zeuge/Zeugin bei der Säuglingstaufe, der/die eine Mitverantwortung für die chrisliche Erziehung des Kindes übernimmt)*
godhead Gottheit *(f.)*
godliness Frömmigkeit *(f.)*, gottesfürchtige Aufrichtigkeit *(f.)*
gold Gold *(n.)*
all that glitters is not gold es ist nicht alles Gold, was glänzt
goodness Güte *(f.)*
gospel Evangelium *(n.)* *(die gute Nachricht, daß wir durch Jesus Vergebung und ein erneuertes Leben finden können; auch als Bezeichnung für die ersten vier Bücher im Neuen Testament)*
govern regieren
government Regierung *(f.)*
grace Gnade *(f.)* *(die unverdiente Vergebung und Liebe, die Gott uns bietet)*; Tischgebet *(n.)*
say grace das Tischgebet sprechen, danken *(für das Essen)*
gracious gütig, gnädig
grain Getreide *(n.)*, Samenkorn *(n.)*
grain offering Speiseopfer *(n.)* *(Opfer von Getreideprodukten im Alten Testament)*
grape Traube *(f.)*
grapevine Rebe *(f.)*
I heard on the grapevine ... Ich habe aus informeller Quelle erfahren, ...
gratitude Dankbarkeit *(f.)*
grave Grab *(n.)*
one foot in the grave mit einem Fuß im Grab
graven image Götzenbild *(n.)*
great commission Missionsbefehl *(m.)* *(von Jesus gestellte Aufgabe, in aller Welt Nachfolger für ihn zu gewinnen)*
greatness Größe *(f.)*
greed Habgier *(f.)*
greedy habgierig
Greek griechisch, Grieche *(m.)*
ground Grund *(m.)* Boden *(m.)*
holy ground heiliger Boden;
the ground of our being der Grund unseres Seins

group Gruppe *(f.)*
grow wachsen
growth Wachstum *(n.)*
church growth Gemeindewachstum *(Wachstum in der Qualität des Gemeindelebens oder der Anzahl der Gemeindemitglieder)*
grudge Groll *(m.)*
harbour a grudge einen Groll hegen
grumble murren
guard Wache *(f.) (Abteilung des römischen Heeres, die Objekte oder Personen bewachen mußte)*
guess Vermutung *(f.)*
guess vermuten, raten
guidance Führung *(f.) (besondere Einsichten, die von Gott gegeben werden und uns helfen, wichtige Entscheidungen zu treffen)*
guide leiten, führen
guilt Schuld *(f.) (manchmal in Verbindung mit einzelnen Sünden, manchmal in Verbindung mit unserer allgemeinen Sündhaftigkeit)*
guilt offering Schuldopfer *(n.) (Opfer im Alten Testament)*
guilty schuldig
guitar Gitarre *(f.)*

H

hair *(sing.)* Haare *(pl.)*
Halloween »Tag vor Allerheiligen« *(vielerorts ein volkstümliches Hexenfest)*
hand Hand *(f.)*
the hand of God die Hand Gottes *(Symbol für Gottes Eingreifen)*
handle handhaben, meistern
handsome ansehnlich, gut aussehend
harbour *(GB)*, **harbor** *(USA)* Hafen *(m.)*
harbour/harbor Zuflucht gewähren; hegen
harbour a criminal einem Kriminellen Unterschlupf gewähren;
harbour a grudge einen Groll hegen
hard hart
work hard hart arbeiten
hardship Entbehrung *(f.)*, Bedrängnis *(f.)*
harm Schaden *(m.)*
come to harm Schaden nehmen
harmful schädlich
harmless harmlos
harp Harfe *(f.)*
harvest Ernte *(f.)*
harvest festival Erntedankfest *(n.) (Tag im Kirchenjahr, an dem besonders für die Ernte gedankt wird)*
haste: more haste, less speed Eile mit Weile
hate Haß *(m.)*
hate hassen
heal heilen *(bezieht sich oft auf übernatürliche Heilungswunder)*
healing Heilung *(f.)*
gift of healing Gabe der Heilung *(von Gott verliehene Fähigkeit, Krankheiten durch Gebet zu heilen)*
healing ministry Heilungsdienst *(m.) (relativ häufiges Auftreten der Heilungsgabe in einer*

bestimmten Person)
inner healing innere Heilung *(Heilung von seelischen Verletzungen)*
health Gesundheit *(f.)*
healthy gesund
hear hören *(oft als Symbol des Gehorsams gegen Gott)*
heart Herz *(n.) (oft als Symbol der inneren Persönlichkeit)*
heathen Heide/Heidin *(ursprünglich eine nicht-jüdische Person; wird manchmal als allgemeine Bezeichnung für Menschen ohne Glauben gebraucht)*
heaven Himmel *(m.) (wo Gott ist, und wo Christen nach dem Tod sein werden)*
heavenly himmlisch
heavenly Father himmlischer Vater *(m.) (Bezeichnung für Gott Vater)*
heavy shepherding Bevormundung durch strenge Leiterschaft *(ironische Formulierung)*
heed Beachtung *(f.)*
take heed to beachten
heel Ferse *(f.)*
heir Erbe/Erbin *(Person)*
hell Hölle *(f.) (Ort der Verdammnis und der ewigen Trennung von Gott)*
helmet Helm *(m.)*
helmet of salvation Helm des Heils *(Teil der »Waffenrüstung Gottes«, die ein Christ »anziehen« sollte)*
help Hilfe *(f.)*
God helps those who help themselves Hilf dir selbst, dann hilft dir Gott
herd Herde *(f.)*
heresy Ketzerei *(f.)*, Irrlehre *(f.) (Lehre, die in wesentlichen Punkten von der christlichen Lehre abweicht)*
heretic Ketzer/in
heritage (kulturelles) Erbe *(n.)*
high church hochkirchlich *(Bezeichnung für die neo-katholische Richtung der* Anglo-Catholics *in der* Church of England*)*
high mass Hochamt *(n.) (Gottesdienst in der katholischen Kirche)*
high priest Hoher Priester *(m.) (der höchste Priester in der religiösen Hierarchie der Juden zur Zeit Jesu)*
hill Hügel *(m.)*
hinder hindern
hired servant angeheuerter Arbeiter *(in der Bibel: meist auf täglicher Basis für landwirtschaftliche Tätigkeiten angeheuerter Hilfsarbeiter)*
history Geschichte *(f.)*
holiness Heiligkeit *(f.)*
hollow hohl
holocaust Massenvernichtung *(f.) (besonders die Vernichtung der Juden im Dritten Reich)*
holy heilig *(Bezeichnung für die einzigartige Reinheit und Vollkommenheit Gottes, der wir nacheifern sollen)*
Holy Bible Bibel *(f.)*
Holy of Holies Allerheiligstes *(n.) (besonders heiliger Teil der*

Sakralbauten im Alten Testament)
Holy Scripture(s) Heilige Schrift *(f.)*, Bibel *(f.)*
Holy Spirit Heiliger Geist *(m.)* *(Person in der Dreieinigkeit, die uns die Kraft gibt, so zu leben, wie Gott es möchte)*
home Bible study Hausbibelkreis *(m.)*
home group Hauskreis *(m.)* *(Gruppe von Christen, die sich regelmäßig in einer Wohnung treffen, um zusammen zu beten, Bibel zu lesen und Erfahrungen auszutauschen)*
home town Heimatstadt *(f.)*
homeless heimatlos, obdachlos
homogeneous unit principle Prinzip homogener Gruppen *(Strategie beim Gemeindeaufbau, vorwiegend Menschen einer einzigen soziologischen Gruppe zu erreichen)*
homosexual homosexuell; Homosexuelle/r
honest ehrlich
honesty Ehrlichkeit, *(f.)*, Aufrichtigkeit *(f.)*
honesty is the best policy ehrlich währt am längsten
honey Honig *(m.)*
honour *(GB)*, **honor** *(USA)* Ehre *(f.)*
honourable *(GB)*, **honorable** *(USA)* ehrenwert
hope Hoffnung *(f.)*
hopelessness Hoffnungslosigkeit *(f.)*, Deprimiertheit *(f.)*
horn Horn *(n.)*
horse Pferd *(n.)*
hospital Krankenhaus *(n.)*
hospitality Gastfreundschaft *(f.)*
host Heer *(n.)*, Heerschar *(f.)* *(veraltet)*
host Gastgeber/in
hostile feindlich (gesinnt)
hostility Feindseligkeit *(f.)*
house church Hausgemeinde *(f.)* *(kleine, informelle Gemeinschaft meist neueren Ursprungs, meist mit evangelikaler bzw. charismatischer Prägung)*
house group Hauskreis *(m.)* *(Gruppe von Christen, die sich regelmäßig in einer Wohnung treffen, um zusammen zu beten, Bibel zu lesen und Erfahrungen auszutauschen)*
houseparty Freizeit *(f.)*
hover schweben
human menschlich
humanity Menschheit *(f.)*
humble demütig
humble oneself sich beugen, sich demütigen
humiliate erniedrigen, demütig
humilitation Demütigung *(f.*
humility Demut *(f.)*
hungry hungrig
I'm hungry ich habe Hung
hurl schleudern, werfen
husband Ehemann *(m.)*
hymn Kirchenlied *(n.)*, Hymne *(f.)*
hypocrisy Heuchelei *(f.)* *(Widerspruch zwischen angegebenen Idealen und tatsächlichem Lebensstil)*
hypocrite Heuchler/in

I

identical identisch
identity Identität *(f.)*
idle untätig, faul
idleness Faulheit *(f.)*
idol Götze *(m.) (ursprünglich die Bezeichnung für Götzenbilder in der heidnischen Religion; wird heute manchmal für materielle Dinge usw. gebraucht, die unser Denken bestimmen)*
idolatry Götzendienst *(m.)*
ignorance Unwissenheit *(f.)*
ignore ignorieren, nicht beachten
ill krank
illness Krankheit *(f.)*
illuminate erleuchten
immersion Untertauchen *(n.) (besonders als Methode der Taufe)*
immoral unmoralisch
immorality Unsittlichkeit *(f.)*
immortal unsterblich
immortality Unsterblichkeit *(f.)*
importance Wichtigkeit *(f.)*, Stellenwert *(m.)*
important wichtig
impossible unmöglich
imprison einsperren *(ins Gefängnis)*
impure unrein
impurity Unreinheit *(f.)*
inauguration Einsetzung *(f.)*, Amtseinführung *(f.)*
incarnation Fleischwerdung *(f.) (bezieht sich darauf, daß der Sohn Gottes Mensch wurde)*
incense Weihrauch *(m.)*
include enthalten, einschließen
including einschließlich
increase zunehmen, größer (bzw. zahlreicher) werden
independence Unabhängigkeit *(f.)*
independent unabhängig, selbständig
index Register *(n.)*, Verzeichnis *(n.)*
indifference Gleichgültigkeit *(f.)*
indifferent gleichgültig
inerrant unfehlbar
infant baptism Säuglingstaufe *(f.) (die Taufe von Babys, die in vielen Konfessionen und Gemeinden üblich ist)*
infinite unendlich
inherit erben
inheritance Erbe *(n.)*, Erbschaft *(f.) (bezieht sich auf den Inhalt der Erbschaft)*
injury Verletzung *(f.)*
innocence Unschuld *(f.)*
inquire fragen, sich erkundigen
inquiry Erkundung *(f.)*, Anfrage *(f.)*
insanity Geisteskrankheit *(f.)*
insight Erkenntnis *(f.)*, Einsicht *(f.)*
insist on beharren auf
inspiration Eingebung *(f.) (unerwartete, oft plötzliche Einsichten; oft als Bezeichnung für Gedanken, die direkt von Gott eingegeben werden)*
inspired von Gott eingegeben *(besonders als Bezeichnung für den göttlichen Ursprung der biblischen Texte)*
instead (of) anstatt, statt dessen
instruct unterrichten

instruction Unterweisung *(f.)*
instructor Lehrer/in
insult Beleidigung *(f.)*
integrity Integrität *(f.)*, Ehrlichkeit *(f.)*, Ganzheit *(f.)*
intend beabsichtigen
intention Absicht *(f.)*
intercede Fürbitte tun *(für spezifische Personen oder Situationen beten)*
intercession Fürbitte *(f.)*
intercessor Fürbitter/in
interpret auslegen, erklären
interpretation Auslegung *(f.)*
interpretation of tongues Zungenauslegung *(f.)* *(die übernatürliche Fähigkeit, den Inhalt eines Gebetes zu erklären, das in einer unbekannten Sprache gesprochen wurde)*
introduce einführen
introduce somebody jemanden vorstellen
introduction Einleitung *(f.)*
invest investieren
investigate untersuchen *(durch detaillierte Nachfrage und Analyse)*
investigation Untersuchung *(f.)*
investment Investition *(f.)*
invisible unsichtbar
invitation Einladung *(f.)*
invite einladen
involve verwickeln
involved engagiert
inward purity innere Reinheit *(f.)*
iron Eisen *(n.)*
Israelite Israelit/in; israelitisch

J

James Jakobus
jealous eifersüchtig *(manchmal als Hinweis darauf, daß Gott eindeutige Nachfolge ohne Kompromisse haben will)*
Jesus Jesus
Jew Jude/Jüdin
Jewish jüdisch
join verbinden
journey Reise *(f.)*
joy Freude *(f.)*
joyful freudig, fröhlich
Jubilate »Freuet euch« *(Bezeichnung für Psalm 100 in der Liturgie der* Church of England*)*
Judaism Judentum *(n.)*
Judas Iscariot Judas Ischariot
judge Richter/in
judge urteilen, richten
judgement Urteil; Gericht *(n.)*
judgement seat Richterstuhl *(m.)*
the last judgement das Jüngste Gericht *(n.)* *(Gericht über die Menschen nach dem Tod bzw. nach dem Ende der Welt)*
junction: at this junction an diesem Punkt
justice Gerechtigkeit *(f.)* *(als moralischer Wert)*
justification (by faith) Rechtfertigung (durch den Glauben) *(f.)* *(bezieht sich darauf, daß Christen vor Gott als gerecht angesehen werden, weil sie seine Vergebung empfangen haben)*
justify rechtfertigen

K

key Schlüssel (m.), Taste *(f.)*
keyboard Keyboard *(n.) (elektronisches Tasteninstrument)*, Tastatur *(Computer/Schreibmaschine)*
kill töten
kind, kindly gütig, freundlich
kindness Güte *(f.)*, Freundlichkeit *(f.)*
king König *(m.)*
kingdom Königreich *(n.)*
kingdom of God Reich Gottes *(n.) (bezeichnet die Herrschaft Gottes in diesem Leben oder dem zukünftigen Leben)*
kingdom of heaven Himmelreich *(n.) (bezeichnet die zukünftige Herrschaft Gottes nach diesem Leben)*
kinship Verwandtschaft *(f.)*
knee Knie *(n.)*
kneel sich hinknieen *(meist als Ausdruck des Gebets)*
know wissen, kennen (*veraltet:* Geschlechtsverkehr haben)
knowledge Wissen *(n.)*, Kenntnis *(f.)*
Koran Koran *(m.) (heiliges Buch des Islam)*

L

labour *(GB)*, **labor** *(USA)* Arbeit *(f.)*, Arbeiterschaft *(f.)*
in labour/labor in den Wehen *(bei der Geburt eines Kindes)*
lack Mangel *(m.)*
lack mangeln, entbehren
laity Laienschaft *(f.)*
lake Binnensee *(m.)*, See *(m.)*
lamb Lamm *(n.) (bezieht sich oft auf Tieropfer im Alten Testament und das Opfer Jesu im Neuen Testament)*
lame lahm, gehbehindert
lament Wehklage *(f.)*
lament beklagen, trauern um
lamp Lampe *(f.)*
lampstand Lampenständer *(m.)*
language Sprache *(f.)*
last days Endzeit, die letzten Tage *(das Ende dieser Welt, von Gott eingeleitet)*
last judgement das Jüngste Gericht *(n.)*
Last Supper Abendmahl *(n.) (Bezeichnung für das letzte Mahl Jesu mit seinen Jüngern vor der Kreuzigung)*
lasting bleibend, beständig
late: better late than never lieber spät als nie
laugh lachen
laughter Lachen *(n.)*, Gelächter *(n.)*
law Gesetz *(n.)*
lawful rechtmäßig
lawless ungesetzlich, gesetzwidrig
lay person Laie *(m./f.)* (layman/laywoman) *(Bezeichnung für alle in der Gemeinde, die nicht Pastoren oder Pfarrer sind)*
lay preacher Laienprediger/in *(Prediger/in, der/die nicht als Pastor/in eingesetzt ist)*
lay reader Lektor/in *(besonders*

in der Church of England*)*
laziness Faulheit *(f.)*
lazy faul, träge
lead führen, leiten
leader Leiter/in
leadership Leiterschaft *(f.)*
lean mager
leap (großer) Sprung *(m.)*
leap in the dark Sprung ins Ungewisse
leap springen
learn lernen
leather Leder *(n.)*
leather belt Ledergürtel *(m.)*
leaven Sauerteig *(m.)*
lectern Rednerpult *(n.) (besonders für die Bibellese im Gottesdienst)*
legalistic gesetzlich
lend leihen
lesbian lesbisch, Lesbierin *(f.)*
letter Buchstabe *(m.)*, Brief *(m.)*
level eben, flach
Levites Leviten *(pl.) (Nachkommen Levis, verantwortlich für den Dienst im jüdischen Tempel)*
levitical priesterlich *(bezogen auf die israelitischen Priester im Alten Testament)*
liberation Befreiung *(f.)*
lie Lüge *(f.)*
lie belügen, lügen
life Leben *(n.)*
life-giving lebensspendend
lifetime Leben *(n.)*, Lebenszeit *(f.)*
lift heben
light Licht *(n.) (oft als Symbol für Gottes Segen oder seine Gegenwart)*
lightning Blitz *(m.)*, Blitzschlag *(m.)*
thunder and lightning Donner und Blitz
like gleich
likeness Ähnlichkeit *(f.) (veraltet auch:* Gestalt*)*
likewise gleichfalls
limit Begrenzung *(f.)*
limitation Einschränkung *(f.)*
lion Löwe *(m.)*
lioness Löwin *(f.)*
lip Lippe *(f.)*
listen zuhören
litany Litanei *(f.) (Abfolge von Worten innerhalb der Liturgie)*
liturgy Liturgie *(f.) (feste Abfolge von Worten, Gebeten usw. im Gottesdienst)*
live leben, wohnen
living water lebendiges Wasser *(n.) (Symbol für das innere Leben, das Gott Christen gibt)*
local örtlich, am Ort
local church Ortsgemeinde *(f.)*
locust Heuschrecke *(f.)*
lodge Haus *(n.)*, Herberge *(f.)*
loins Lenden *(pl.)*
loneliness Einsamkeit *(f.)*
lonely einsam
loose lose, locker
lord Herr, Gebieter *(m.)*
Lord Herr *(m.) (Titel für Gott, der seine Herrschaft über seine Nachfolger zum Ausdruck bringt)*
lose verlieren
lost verloren *(oft als Beschreibung für Menschen, die Gott nicht kennen)*

lot Los *(n.)*, Schicksal *(n.)*
loudspeaker Lautsprecher
love Liebe *(f.)*
love lieben
love is blind Liebe macht blind
lovely schön; (*veraltet:* lieblich)
lust Begierde *(f.)*
lustful lüstern
Lutheran Lutheraner/in; lutherisch
Lutheranism Luthertum *(n.)*
lyre Leier *(f.)* *(Musikinstrument)*

M

magic Magie *(f.)*; magisch
magician Zauberer *(m.)*
magnificence Pracht *(f.)*, Herrlichkeit *(f.)*
magnificent prächtig
maid Dienstmagd *(f.)*
maiden Mädchen *(n.)* *(veraltet)*
maintain beibehalten, pflegen
majestic majestätisch, grandios
majesty Majestät *(f.)*, Königswürde *(f.)*
male männlich
malice Bosheit *(f.)*
malicious boshaft
man Mann *(m.)*; Mensch *(m.)*; Menschheit *(f.)*
manage leiten, organisieren
I can manage ich schaffe es schon
mankind Menschheit *(f.)*
march for Jesus Marsch für Jesus *(großer Straßenumzug mit Lobliedern, Kundgebung usw.)*
marital ehelich
marriage Ehe *(f.)*
a marriage made in heaven eine Ehe, die im Himmel geschlossen wurde
marriage counselling Eheseelsorge *(f.)*, Eheberatung *(f.)*
married verheiratet
marry heiraten
marvel erstaunliches Ereignis *(n.)*
marvellous *(GB)* **marvelous** *(USA)* wunderbar
mask Maske *(f.)* *(bezieht sich manchmal auf psychologische Selbstschutzmechanismen)*
mass Messe *(f.)* *(katholischer Gottesdienst)*
master Meister *(m.)*
Matthew Matthäus
mature reif
maturity Reife *(f.)*
mean bedeuten; meinen
meaning Bedeutung *(f.)*
measure messen
measurement Maß *(n.)*, Messung *(f.)*
meat Fleisch *(n.)*
meditate meditieren, nachdenken
meditation Meditation *(f.)* *(oft als bewußte Zeit des stillen Nachdenkens über geistliche Fragen)*
Mediterranean Sea Mittelmeer *(n.)*
meek sanftmütig *(oft auch:* unterwürfig*)*
meekness Sanftmut *(f.)*, Duldsamkeit *(f.)* *(oft auch:* Unterwürfigkeit*)*
meet (sich) treffen, (sich) begegnen
meeting Begegnung; Versammlung *(f.)* *(oft als Bezeichnung für*

Gottesdienste usw., besonders in Freikirchen)
member Mitglied *(n.)*
memory Gedächtnis *(n.)*
mental geistig
mental illness Geisteskrankheit *(f.)*
mentally ill geisteskrank
mention erwähnen
merciful barmherzig
mercy Barmherzigkeit *(f.)*
message Botschaft *(f.)* Mitteilung *(f.)*
messenger Bote/Botin
Methodist church Methodistengemeinde *(f.)*
microphone Mikrophon *(n.)*
might Macht*(f.)*, Kraft *(f.)*
with all my might mit meiner ganzen *(körperlichen)* Kraft
mighty mächtig
millenium Millenium *(n.) (zukünftiges tausendjähriges Reich)*
mind Verstand *(m.)*, Sinn *(m.)*
the first thing that came into my mind das Erste, woran ich gedacht habe
minister Pastor/in, Pfarrer/in, Geistliche/r
ministry *(kirchliches)* Amt; Dienst *(n.)*
ministry of healing/evangelism/... Dienst der Heilung/Evangelisation/...
minor Minderjährige/r
minor prophets kleine Propheten *(Bezeichnung für die 12 kürzeren prophetischen Bücher am Ende des Alten Testamentes und die Propheten, nach denen sie benannt sind)*
minority Minderheit *(f.)*
minutes Protokoll *(n.)*
miracle Wunder *(n.) (Bezeichnung für Ereignisse, die auf übernatürlichem Wege zustandekommen und für die es meist keine »natürliche« Erklärung gibt)*
miraculous wunderbar; Wunder-
misery Elend *(n.)*, Not *(f.)*
misled irregeleitet
mission Evangelisation *(f.) (besonders eine Serie von evangelistischen Veranstaltungen)*
mission field Missionsfeld *(n.) (manchmal als Begriff für alle Teile der Welt, in denen das Evangelium nicht gut bekannt ist; manchmal als Begriff für ein spezifisches geografisches oder soziologisches Gebiet)*
missionary Missionar/in *(meistens jemand, der/die das Evangelium in einem anderen Land oder einer sozialen oder rassischen Minderheit verbreiten will)*
missionary society Missionsgesellschaft *(f.) (Organisation, die Missionare betreut und ihren Einsatz im Missionsfeld koordiniert)*
mistrust mißtrauen
mistrustful mißtrauisch
misuse Mißbrauch *(m.)*
misuse mißbrauchen
mock verspotten, verhöhnen
money is the root of all evil Geld

ist die Wurzel allen Übels
mortal sterblich
mother Mutter *(f.)*
mother in law Schwiegermutter *(f.)*
Mothering Sunday *(GB)*, **Mothers' Day** *(USA)* Muttertag *(m.)*
motive Beweggrund *(m.)*, Motiv *(n.)*
mount Berg *(m.)*
Mount of Olives Ölberg *(m.)*
sermon on the mount Bergpredigt *(f.)*
mountain-top experience Glanzpunkt *(m.)*, dramatisches Erlebnis *(n.)*
mouth Mund *(m.)*
movement Bewegung *(f.)*
multitude Menge *(f.)*, Volksmenge *(f.)*
murder Mord *(m.)*
mysterious geheimnisvoll
mystery Geheimnis *(n.)*, Rätsel *(n.)*
mystic Mystiker/in
mysticism Mystik *(f.)*

N

nail Nagel *(m.)*
narrow eng, schmal
narrow door enge Pforte
narrow way schmaler Weg *(m.)*
nation Nation *(f.)*, Staat *(m.)*
nationality Staatsangehörigkeit *(f.)*
natural natürlich *(manchmal als Gegensatz zu »geistlich«)*
Nazarene Nazarener *(m.)*
necessary notwendig
necessity is the mother of invention Not macht erfinderisch
need Bedürfnis *(n.)*, Not *(f.)*
neglect Vernachlässigung *(f.)*
neglect vernachlässigen
neighbour *(GB)*, **neighbor** *(USA)* Nachbar/in
new birth Wiedergeburt *(f.)* *(bezieht sich auf das neue Leben, das wir empfangen, wenn wir Jesus als Erlöser und Herrscher annehmen)*
new creation neue Schöpfung *(f.)* *(Beschreibung für den neuen Charakter einer Person, die begonnen hat, Christus nachzufolgen)*
New Testament Neues Testament *(n.)* *(die Teile der Bibel, die nach Christus verfaßt wurden)*
night Nacht *(f.)* *(manchmal als Symbol für eine Zeit, in der Gottes Licht nicht wahrgenommen werden kann)*
nihilism Nihilismus *(m.)* *(die Ansicht, daß das Leben sinnlos ist und religiöse Überzeugungen belanglos sind)*
noble edel
non-committal unverbindlich, nicht festgelegt
non-resistance Ergebenheit ohne Widerstand
non-violence Gewaltfreiheit *(f.)*
non-violent gewaltfrei
notable bedeutend
noteworthy bemerkenswert

nothing nichts
nullify zunichte machen, für ungültig erklären

O

oak Eiche *(f.)*
oath Eid *(m.)*
obedience Gehorsam *(m.)*
obeisance Ehrerbietung *(f.)*, Huldigung *(f.)*
obey gehorchen
object Zweck *(m.)*
the object of the exercise der Zweck des Ganzen
object (to) Einwände haben (gegen)
objection Einwand *(m.)*
obligation Verpflichtung *(f.)*
observe beobachten
observer Beobachter/in
obsessed: be obsessed with an idea von einer Idee besessen sein *(als psychologische Fixiertheit)*
obsession Zwangsvorstellung *(f.)*
obstacle Hindernis *(n.)*
obstinate eigensinnig, stur
obtain erhalten, erlangen
obvious offensichtlich
occasion Anlaß *(m.)*, Gelegenheit *(f.)*
big occasion wichtiges Ereignis
occasionally gelegentlich
occult okkult *(Beschäftigung mit magischen, übernatürlichen Kräften und heidnischen Ritualen)*
offence *(GB)*, **offense** *(USA)* Übertretung *(f.)*, Straftat *(f.)*
take offence at ... Anstoß nehmen an ...
offense *(USA)* Angriff *(m.)*, Sturm *(m.)* *(Begriff aus dem sportlichen Bereich)*
offer anbieten
offer Angebot *(n.)*
offering Kollekte *(f.)* *(Geldsammlung im Gottesdienst)*
office Büro *(n.)*
church office Gemeindebüro *(n.)*, Pfarrbüro *(n.)*
officer Beamte/r; Funktionär/in; Vorstandsmitglied *(n.)*
official offiziell
offspring Nachkommen *(m./pl.)* *(veraltet)*
OHP (overhead projector) Tageslichtprojektor *(m.)*
Old Testament Altes Testament *(n.)* *(die Teile der Bibel, die vor der Zeit Jesu verfaßt wurden)*
olive Olive *(f.)*
omit auslassen
omit to do ... versäumen, ... zu tun
omnipotent allmächtig
omniscience Allwissenheit *(f.)*
one vereint, einmütig
we are all one wir sind uns alle einig, wir sind miteinander vereint
oneness Einmütigkeit *(f.)*
open-handed freigebig
opinion Meinung *(f.)*
opponent Gegner/in
opportunity Gelegenheit *(f.)*
oppose sich entgegenstellen
opposition Widerstand *(m.)*, Opposition *(f.)*
oppress unterdrücken, nieder-

drücken
oppressed belastet, unterdrückt
oppression Belastung *(f.)*, Unterdrückung *(f.)*
ordain verfügen, bestimmen *(veraltet)*
ordained ordiniert, geweiht *(als Pfarrer/in, Pastor/in usw.)*
order Ordnung *(f.)*; Befehl *(m.)*
order anordnen; befehlen; bestellen
ordinance Verfügung *(f.)*, Anordnung *(f.) (veraltet)*
organ Orgel *(f.) (Tasteninstrument in Kirchen)*
organist Organist/in
origin Ursprung *(m.)*
original Original *(n.)*, Unikum *(n.)*
original ursprünglich
original sin Erbsünde *(f.) (bezieht sich auf die Tatsache, daß alle Menschen Sünder sind, sowie auf den biblischen Ursprung der Sünde bei Adam und Eva)*
ornament Schmuckgegenstand *(m.)*
orphan Waise *(m./f.)*, Waisenkind *(n.)*
ouija board Gläserrücken *(n.) (okkulte Methode der Beschäftigung mit dem Jenseits)*
outcast Ausgestoßene/r
outline Überblick *(m.)*
sermon outline Predigtnotizen *(pl)*
outside observer neutrale/r Beobachter/in
outsider Außenstehende/r *(besonders Menschen, die keine Verbindung zur Gemeinde haben)*
outstanding hervorragend
outstretched ausgestreckt, ausgebreitet
overcome überwältigen, besiegen
overflow überfließen *(oft als Symbol für das erfüllte Leben eines Christen, das einen Einfluß auf andere hat)*
overhead projector Tageslichtprojektor *(m.)*
overjoyed überglücklich
overwhelm überwältigen
owe etwas schuldig sein
owner Eigentümer/in
ownership Besitz(recht) *(n.)*
ox Ochse *(m.)*

P

PA (public address) system Lautsprecheranlage *(f.)*
pacifist Pazifist/in
pacifist movement Friedensbewegung *(f.)*
paedobaptism Säuglingstaufe *(f.)*
pagan Heide/Heidin *(bezeichnet Personen, die keine Religion bzw. eine nichtchristliche Religion haben; meist abfällig)*
pagan heidnisch
paganism Heidentum *(n.)*
pain Schmerz *(m.)*
painful schmerzlich
a painful experience eine schmerzliche Erfahrung *(f.)*
pale verblassen
pale into insignificance unbedeutend werden, verblassen

parable Gleichnis *(n.) (besonders die Anekdoten mit einer tieferen Bedeutung, die Jesus erzählte)*
paradise Paradies *(n.) (manchmal in bezug auf den Garten Eden im ersten Buch Mose, manchmal auf unser Leben bei Gott nach dem Tod)*
paralyse lähmen
paralytic gelähmt
pardon Begnadigung *(f.) (besonders der Umstand, daß Gott unsere Schuld vergeben hat und uns nicht mehr zur Rechenschaft dafür zieht)*
parents Eltern *(pl.)*
parent Elternteil *(n.)*
single parent Alleinerziehende/r
parish Pfarrbezirk *(m.) (festgelegtes Gebiet einer Ortsgemeinde in der etablierten Kirche/Landeskirche)*
parish office Pfarrbüro
Parochial Church Council (PCC) *(Vorstand einer Ortsgemeinde der* Church of England*)*
partial(ly) teilweise
be partial to eine Vorliebe haben für
participate teilnehmen
partner Partner/in
partnership Partnerschaft *(f.)*
passion Leidenschaft *(f.)*
Passion Leidensweg Jesu *(bezeichnet seinen Tod am Kreuz, bei dem er unsere Sünden auf sich nahm)*
passionate leidenschaftlich
Passover Passafest *(n.) (Fest im jüdischen Kalender in Erinnerung an den Auszug aus Ägypten)*
past Vergangenheit *(f.)*
pastor Pastor/in
pasture Weide *(f.)*
path Pfad *(m.)*
the narrow path der enge Pfad *(Symbol für den Lebensstil in der Nachfolge Christi)*
patience Geduld *(f.)*
patient geduldig, ausdauernd
patriarch Patriarch *(m.) (Leiter, der in der Tradition geehrt wird, z.B. Abraham und die Apostel)*
Patriarch Patriarch *(leitender Bischof in den östlich-orthodoxen Kirchen)*
pattern Muster *(n.)*
Paul Paulus
peace Friede *(m.)*
Go in peace Gehet hin in Frieden
peace offering *(alte Bezeichnung für* **fellowship offering** Gemeinschaftsopfer, Dankopfer *(Opferform im Alten Testament)*
peacemaker Friedensstifter *(m.)*
pearl Perle *(f.)*
pearl of great price kostbare Perle *(Symbol für den großen Wert des Glaubens in einem Gleichnis, das Jesus erzählte)*
penance Bußleistung *(f.)*, Bußübung *(f.) (freiwilliger Verzicht oder ähnliches, besonders in der katholischen Kirche, vor allem im Mittelalter)*
do penance Buße leisten, Bußübungen verrichten
penitence Buße *(f.)*, Bußfertigkeit *(f.)*

Pentecost Pfingsten *(n.) (Tag im jüdischen Kalender, der sieben Wochen nach dem Passafest liegt; Tag im Kirchenjahr zum Gedenken an die Ausgießung des Heiligen Geistes auf die ersten Christen)*
Pentecostal Pfingstler/in *(christliche Gemeinden, die die Gaben des Heiligen Geistes betonen und praktizieren, die im Neuen Testament beschrieben werden)*
perceive wahrnehmen, erkennen
perfection Vollkommenheit *(f.)*
perform vollziehen
perfume Wohlgeruch *(m.) (Symbol dafür, daß Gott sich über bestimmte Taten oder Einstellungen freut; bezieht sich auf die Duftopfer im Alten Testament)*
perish umkommen, in die Hölle kommen
permission Erlaubnis *(f.)*
permit erlauben
persecute verfolgen
persecution Verfolgung *(f.)*
perseverance Ausdauer *(f.)*
persevere ausharren
personal persönlich
persuade überreden
perverse pervers
perversion Abart *(f.)*
perversion of the truth Verdrehung der Wahrheit
pervert verführen, verdrehen
Peter Petrus
petition Bitte *(f.)*, Anliegen *(n.) (Gebet um die Hilfe Gottes in einer bestimmten Situation oder für eine bestimmte Person)*
Pharisee Pharisäer *(m.) (eine Gruppe führender Juden zur Zeit des Neuen Testamentes, die strikt auf die Einhaltung der Gesetze aus dem Alten Testament achteten)*
Philip Philippus
Philistine Philister/in *(Volksgruppe im Lande Kanaan zur Zeit des Alten Testamentes)*
physical körperlich, physisch
picture Bild *(n.) (bezeichnet manchmal ein visionsähnliches Bild mit geistlicher Bedeutung)*
pierce durchbohren *(besonders in Schilderungen der Kreuzigung)*
piety Frömmigkeit *(f.)*
pilgrim Pilger/in
pillar Säule *(f.)*
pillar of fire Feuersäule *(f.) (sichtbares übernatürliches Phänomen, das das Volk Israel auf dem Weg von Ägypten nach Kanaan begleitete)*
pioneer Pionier, Vorkämpfer/in
piousness Frömmigkeit *(f.) (oft in besonders intensiver Form)*
pit Grube *(f.)*
pitiful erbärmlich
pity Mitleid *(n.)*
a pity schade
plague Plage *(f.)*
plan planen, entwerfen
plant Pflanze *(f.)*
plant pflanzen
church planting Gemeindegründung
plenty viel(e), reichlich *(f.)*

live in plenty im Überfluß leben
plot Verschwörung *(f.)*
plunder plündern
poison Gift *(n.)*
pollution Verschmutzung *(f.)*
environmental pollution Umweltverschmutzung
poor arm, schwach
Pope Papst *(m.)*
populate bevölkern
population Bevölkerung *(f.)*, Einwohnerzahl *(f.)*
portion Anteil *(m.) (etwas veraltet)*
possess besitzen
possess the land das Land in Besitz nehmen *(veraltet)*
possession Besitz *(m.)*
possible möglich
post-millenial nach dem Millenium *(Lehre von der Endzeit)*
pot Topf *(m.)*, Gefäß *(n.)*
pour gießen
pour out ausgießen *(besonders, wenn Gott Menschen den Heiligen Geist in einer Weise schickt, die sichtbare Folgen hat)*
poverty Armut *(f.)*
power Kraft *(f.) (bezieht sich manchmal auf die gottgegebenee Fähigkeit, den Lebensstil zu verändern, manchmal auf das Vorkommen von übernatürlichen Ereignissen)*
powerful machtvoll
practice ausüben, in die Praxis umsetzen
praise Lobpreis *(m.) (Ausdruck der Verehrung Gottes, besonders in Liedern und Gebeten)*
praise and worship Lobpreis und Anbetung
praise loben
praise march Lobpreismarsch *(m.) (Straßenumzug mit Lobliedern usw.)*
pray beten *(Methode des Redens mit Gott, ob laut oder leise, privat oder öffentlich)*
prayer Gebet *(n.)*
prayer chain Gebetskette *(f.) (Methode, Gebetsanliegen weiterzuerzählen, damit möglichst viele dafür beten können)*
prayer request Gebetsanliegen *(n.)*
pre-millenial vor dem Millenium *(Lehre von der Endzeit)*
preach predigen *(meist in Form eines öffentlichen Vortrages im Gottesdienst)*
preacher Prediger/in
precept Gebot *(n.)*, Regel *(f.)*
precious kostbar, wertvoll
predestination Vorsehung *(f.)*, Prädestination *(f.) (die Lehre, daß die wesentlichen Dinge des Lebens im voraus von Gott festgelegt werden)*
predestined vorherbestimmt
predict vorhersagen
prediction Voraussage *(f.)*
preface Vorwort *(n.)*
pregnancy Schwangerschaft *(f.)*
pregnant schwanger
preparation Vorbereitung *(f.)*
prepare vorbereiten
prepared bereit, willig
Presbyterian church Presbyte-

rianergemeinde *(f.) (evangelische Freikirche)*
presence Gegenwart *(f.)*
presence of God Gegenwart Gottes
come into God's presence in die Gegenwart Gottes kommen *(im Gebet oder nach diesem Leben)*
present gegenwärtig
prevail überwinden *(veraltet)*
prevailing vorherrschend
pride Hochmut *(m.)*, Stolz *(m.)*
priest Priester *(m.) (Geistlicher im Alten Testament und in der katholischen Kirche; kommt auch in Teilen der* Church of England *vor)*
priesthood Priestertum *(n.)*
priesthood of all believers allgemeines Priestertum *(n.) (die Lehre, daß alle Christen direkten Zugang zu Gott haben und keinen Priester als Vermittler brauchen)*
Prince of Peace Friedefürst *(m.) (Titel für Jesus, der aus dem Alten Testament stammt)*
principle Grundsatz *(m.)*, Prinzip *(n.)*
priority Priorität *(f.)*
top priority höchste Priorität
prison Gefängnis *(n.)*
prisoner Gefangene/r
prize Preis *(m.)*, Belohnung *(f.)*
probably wahrscheinlich
problem Problem *(n.)*
procession Umzug *(m.)*, Prozession *(f.)*
proclaim verkünden
proclamation Verkündigung *(f.)*
prodigal son der verlorene Sohn *(m.) (Gleichnis Jesu über den Sohn, der sein gesamtes Vermögen verschwendete und reuig zum Vater zurückkehrte)*
profane weltlich
profit Gewinn *(m.)*
profitable nützlich
profound tiefsinnig, tiefgreifend
programme *(GB)*, **program** *(USA)* Programm *(n.)*, Veranstaltungsplan *(m.)*
progress Fortschritt *(m.)*
make progress vorankommen, Fortschritte machen
prohibit verbieten
prohibition Verbot *(n.)*
prologue Einleitung *(f.)*, Prolog *(m.)*
prolong *(zeitlich)* verlängern
promise Verheißung *(f.)*
promise versprechen
promised land gelobtes Land *(besonders das Land Kanaan für die Israeliten unter Mose)*
promote fördern
proof Beweis *(m.)*
proper geeignet, richtig
prophecy Prophezeihung *(f.)*, Weissagung *(f.) (gottgegebene Einsicht über eine gegenwärtige oder zukünftige Situation)*
word of prophecy prophetische Mitteilung *(f.)*
prophesy prophezeien, weissagen
prophet Prophet/in *(Person, die öfter prophetische Aussagen macht)*
prophetic prophetisch

propose: man proposes, but God disposes der Mensch denkt, aber Gott lenkt
propriety Anstand *(m.) (besonders in bezug auf anständiges Verhalten)*
prosper gedeihen, Erfolg haben *(besonders in materieller Hinsicht)*
prosperity Wohlstand *(m.)*
prostitute Prostituierte *(f.)*, Hure *(f.)*
protect schützen, beschützen
protection Schutz *(m.)*
proud stolz
prove beweisen *(veraltet:* durch Ausprobieren nachprüfen*)*
provide for versorgen
providence Vorsehung *(f.)*
provider Ernährer *(m.) (der Familie)*
provoke provozieren
prudence Umsicht *(f.)*
prudent umsichtig
psalm Psalm *(m.)*
psalmist Psalmist *(m.) (Autor der Psalmen in der Bibel)*
public öffentlich
public address system Lautsprecheranlage *(f.)*
publican Steuereinnehmer *(m.) (veraltet)*
publication Veröffentlichung *(f.)*
pulpit Kanzel *(f.)*
punish bestrafen
punishment Strafe *(f.)*
pupil Schüler/in
pure rein
a pure heart ein reines Herz *(n.)*
purification Reinigung *(f.) (besonders in moralischer/geistlicher Hinsicht)*
Purim Purim *(Fest im Alten Testament)*
purity Reinheit *(f.)*
purpose Zweck *(m.)*
pursue nachjagen, verfolgen
push schieben *(besonders USA:* zielstrebig handeln*)*

Q

quail verzagen *(veraltet)*
quail Wachtel *(f.)*
quarrel Streit *(m.)*
quarrel sich streiten
queen Königin *(f.)*
quench löschen *(Durst, Feuer usw.)*
quench the Holy Spirit die Wirkung des Heiligen Geistes einschränken
quick schnell (*veraltet:* lebendig)
the quick and the dead die Lebenden und die Toten *(in der traditionellen Liturgie)*
quiet still, ruhig
quiet time Stille Zeit *(private Zeit des Betens und Bibellesens)*

R

race Rasse *(f.)*
racial segregation Rassentrennung *(f.)*
radiant strahlend
be radiant with joy vor Freude strahlen

rage großer Zorn *(m.)*
rain Regen *(m.)*
the latter rain der Spätregen *(Symbol für Gottes Segen)*
rainbow Regenbogen *(m.)*
raise erheben, aufrichten
ram Widder *(m.)*
ransom Lösegeld *(n.)*
rapture tief empfundene Freude *(f.)*
Rapture Entrückung *(f.) (Endzeitlehre, daß Christen vor dem Ende der Welt von der Erde genommen werden)*
raven Rabe *(m.)*
reading Schriftlesung *(f.) (Bibeltext, der im Gottesdienst laut vorgelesen wird)*
reality Wirklichkeit *(f.)*
realization Einsicht *(f.)*
reason Grund *(m.) (logische Begründung)*
rebel Rebell/in
rebellion Rebellion *(f.)*; Auflehnung *(f.)*
rebuild wieder aufbauen
rebuke Zurechtweisung *(f.)*, Tadel *(m.)*
rebuke zurechtweisen, rügen
receive erhalten
recharge one's (spiritual) batteries auftanken
recipient Empfänger/in
reckless gewagt, leichtsinnig
recognition Anerkennung *(f.)*
recognize anerkennen, erkennen
recommend empfehlen
recommendation Empfehlung *(f.)*
reconcile versöhnen
reconciliation Versöhnung *(f.)*
record Aufzeichnung *(f.)*
record aufzeichnen
Red Sea Rotes Meer *(n.)*
redeem freikaufen *(bzw. ein Pfand einlösen)*
redeemer Erlöser *(m.) (Titel für Jesus)*
redemption Erlösung *(f.) (bezieht sich darauf, daß Jesus uns von der Schuld unserer Sünde befreit hat)*
refine läutern *(bezieht sich auf die Verfeinerung von Edelmetallen sowie symbolisch auf die Charakterentwicklung eines Christen)*
refresh erquicken, erfrischen
refuge Zufluchtsort *(m.) (Schutzraum vor physischer Gefahr oder geistlicher Bedrängnis)*
refugee Flüchtling *(m.)*
refuse sich weigern
refutable widerlegbar
refute widerlegen
regeneration Wiedergeburt *(f.) (bezieht sich auf das neue Leben, das wir empfangen, wenn wir Jesus als Erlöser und Herrscher annehmen)*
regret bereuen
reign Regierung *(f.)*, Herrschaft *(f.)*
reign of a king Herrschaft(szeit) eines Königs
reign herrschen
reincarnation Reinkarnation *(f.) (der Glaube in einigen östlichen Religionen, daß wir nach dem Tod in einer anderen Lebensform*

wiedergeboren werden)
reject ablehnen
rejection Ablehnung *(f.)*
rejoice sich freuen, frohlocken
rejoicing Freude *(f.)*
relationship Beziehung *(f.)*
relative Verwandte/r
release Befreiung *(f.)*
release freilassen
relent nachgeben, sich erweichen lassen
reliable zuverlässig
relief Erleichterung *(f.)*
famine relief Hilfe in Hungersnot
religion Religion *(f.)*
religious instruction Religionsunterricht *(m.) (an Schulen in GB: nicht konfessionsgebunden; an Schulen in USA normalerweise nicht im Lehrplan)*
remain bleiben
remark Bemerkung *(f.)*
remarkable bemerkenswert
remember sich erinnern an
remembrance Gedenken *(n.)*
Remembrance Day Volkstrauertag *(m.) (in GB: Tag des Gedenkens an die Toten aus den Weltkriegen)*
remind erinnern
reminder Gedächtnisstütze *(f.)*
remission of sins Vergebung der Sünden *(f.) (etwas veraltet)*
remnant das übriggebliebene Volk *(n.) (in Israel nach schweren Zeiten im Alten Testament)*
remove entfernen
renew erneuern
renewal Erneuerung *(f.) (besonders eine erhöhte Intensität des geistlichen Lebens)*
renown Ruhm *(m.)*
repay zurückzahlen, wiedergutmachen; heimzahlen
repent Buße tun, umkehren *(besonders als Teil der Bekehrung)*
repentance Buße *(f.)*
reproach Vorwurf *(m.)*
request Bitte *(f.) (an Gott im Gebet, oder an Menschen, wenn wir um einen Gefallen bitten)*
require benötigen, verlangen
requirement Forderung *(f.)*
rescue retten
resist widerstehen *(z.B. Versuchungen)*
resistance Widerstand *(m.)*
resolution Beschluß *(m.) (in einer offiziellen Versammlung)*
resolve fester Wille *(m.)*, Entschlossenheit *(f.)*
resound widerhallen
respect Achtung *(f.)*, Respekt *(m.)*
respectable anständig, ehrenhaft
respond antworten, erwidern *(besonders wenn eine Person auf das Angebot der Liebe Gottes eingeht und ihm nachfolgen will)*
responsibility Verantwortung *(f.)*
responsible verantwortlich
rest in the Spirit Ruhen im Geist *(vorübergehender, ohnmachtsähnlicher Zustand, bei dem die Person oft tiefgreifende geistliche Erfahrungen macht; tritt vorwiegend in charismatischen Gruppen auf)*
restitution Wiedergutmachung *(f.)*

restoration Wiederherstellung *(f.)*
restore wiederherstellen
restrain zurückhalten
restraint Zurückhaltung *(f.)*
result Ergebnis *(n.)*
resurrect vom Tode wiedererwecken
resurrection Auferstehung *(f.)* *(besonders in bezug auf die Auferstehung Jesu nach dem Tod am Kreuz; wird auch für den Eintritt von Christen in das Leben nach dem Tod gebraucht)*
retreat Freizeit *(f.)*, Einkehrtage *(pl.)* *(einige Tage des Gebetes und der Meditation für eine Gruppe von Christen in ruhiger Umgebung)*
retribution Vergeltung *(f.)*
return Rückkehr *(f.)*
reveal offenbaren, enthüllen
revelation Offenbarung *(f.)* *(eine gottgeschenkte Einsicht)*
revenge Rache *(f.)*
revere verehren
reverence Verehrung *(f.)*
revival Erweckung *(f.)* *(besonders wenn viele Menschen in kurzer Zeit bekehrt werden; wird manchmal auch für persönliche Erneuerung gebraucht)*
revive wiederbeleben
reward Belohnung *(f.)*
reward belohnen
rich reich
riches Reichtum *(m.)*
rid: get rid of loswerden
Good riddance! Ich bin froh, es los zu sein.
righteous gerecht
righteousness Gerechtigkeit *(f.)*
ripe reif
rise aufgehen *(besonders Sonne und Mond)*
rivalry Rivalität *(f.)*
rob berauben
robe Gewand *(n.)*
rock Fels *(m.)*
rod Stab *(m.)*
Roman Römer/in, römisch
root Wurzel *(f.)*
royal königlich
ruin Ruine *(f.)*, Untergang *(m.)*
rule herrschen, regieren
ruler Herrscher/in
rules and regulations feste Regeln
ruthless gnadenlos, unbarmherzig

S

Sabbath Sabbat *(m.)* *(jüdischer Ruhetag, von Freitag abend bis Samstag abend)*
sabbatical Sabbatzeit *(f.)* *(Zeit des Studiums und der Meditation besonders für Geistliche; Dauer meist einige Monate)*
sackcloth and ashes Sack und Asche *(Symbol für Trauer oder Buße)*
sacrament Sakrament *(n.)* *(gottesdienstliche Feier mit besonderer geistlicher Bedeutung; im evangelischen Bereich Taufe und Abendmahl, die katholische Kirche hat fünf weitere Sakramente)*

sacred heilig *(formeller Sprachgebrauch)*
sacrifice Opfer *(n.)*
sacrifice opfern
sacrificial aufopferungsvoll
sacrificial laws Opfergesetze *(pl.)*
sad traurig
sadness Traurigkeit *(f.)*
Sadducess Saduzäer *(m.) (Gruppe von Würdenträgern in Israel zur Zeit des Neuen Testamentes)*
safe sicher, in Sicherheit
safety Sicherheit *(f.)*
sail Segel *(n.)*
sail segeln
saint Heilige/r *(oft als posthume Bezeichnung für Menschen mit besonderer geistlicher Qualität; im Neuen Testament eine allgemeine Bezeichnung für Christen)*
sake: for ...'s sake um ... willen
salt Salz *(n.) (oft als Symbol für den positiven Einfluß von Christen in der Gesellschaft)*
salvation Heil *(n.) (bezieht sich darauf, daß Christen von Gott angenommen werden)*
Salvation Army Heilsarmee *(f.)*
Samson Simson
sanctification Heiligung *(f.) (progressive Verbesserung der geistlichen Qualität eines Christen)*
sanctify heiligen
sanctuary Heiligtum *(n.) (besonders heiliger Teil eines Sakralbaus, besonders im Alten Testament und in traditionellen Kirchen)*; Zufluchtsort *(m.) (unter dem Schutz der Kirche, eines Staates usw.)*
sandal Sandale *(f.)*
Satan Satan *(m.) (Bezeichnung für den Teufel, die höchste, gegen Gott gerichtete geistliche Macht)*
satanic teuflisch, satanisch
satanism Satanismus *(m.) (okkulte Praxis der Satansanbetung)*
satisfy zufriedenstellen; *(den Anforderungen)* genügen
Saul Saulus
save retten
saved gerettet *(wird besonders in evangelikalen Gruppen für Menschen gebraucht, die eine Bekehrung erlebt haben)*
Saviour *(GB)*, **Savior** *(USA)* Retter *(m.)*, Erlöser *(m.) (Titel für Jesus Christus)*
scale Waagschale *(f.)*
scapegoat Sündenbock *(m.)*
scare erschrecken
scarlet scharlachrot
scatter zerstreuen
sceptre *(GB)*, **scepter** *(USA)* Zepter *(n.) (königlicher Stab)*
scheme Plan *(m.)*, List *(f.)*
scholar Gelehrte/r
scorn Verachtung *(f.)*, Hohn *(m.)*
scout Pfadfinder/in *(meist als* boy scout *oder* girl scout*)*
scream schreien *(vor Entsetzen oder Angst)*
screen Leinwand *(f.)*
scribe Schriftgelehrter *(m.) (Gruppe von Würdenträgern in Israel zur Zeit des Neuen Testamentes)*
scriptural biblisch *(die Bibel betreffend; im Einklang mit dem*

Inhalt der Bibel)
scripture Heilige Schrift *(f.) (d.h. die Bibel)*
scroll Schriftrolle *(f.) (Buchform zur Zeit der Bibel)*
seal Siegel *(n.)*
search suchen
seashore Küste am Meer
season Jahreszeit *(f.) (manchmal auch:* Zeit, Epoche*)*
seat Sitz *(m.)*
second coming Wiederkehr *(f.)* (Jesu)
secret heimlich
secret Geheimnis *(n.)*
sect Sekte *(f.) (religiöse Sondergruppe, die eine eigene Lehre vertritt und sich für die einzig wahre Kirche hält)*
secular weltlich, säkular
secure sicher
security Sicherheit *(f.)*
seed Saat *(f.) (besonders: Worte, die Außenstehende zum Nachdenken über den Glauben bringen)*
seek suchen
seize ergreifen
select auswählen
selection Auswahl *(f.)*
self selbst
self abasement Selbsterniedrigung *(f.)*
self control Selbstbeherschung *(f.)*
self protection Selbstschutz *(m.)*
self will Eigenwille *(m.)*
self-seeking eigensüchtig
selfish selbstsüchtig
selfishness Selbstsucht *(f.)*, Ichsucht *(f.)*
sell verkaufen
seminar Seminar *(n.)*, Lehrgang *(m.)*
seminary *(USA)* Bibelschule *(f.)*; theologische Hochschule *(f.)*
send senden, schicken
sensation Sensation *(f.)*; Gefühl *(n.)*, Empfindung *(f.)*
sense Sinn *(m.)*
make sense einen Sinn ergeben, Sinn machen
senseless sinnlos; bewußtlos
sensitive (to) empfindlich (für)
sensual sinnlich, lustbetont
sensuality Sinnlichkeit *(f.)*, Zügellosigkeit *(f.)*
sentence verurteilen *(bei Gericht)*
separate trennen
separation Trennung *(f.)*
sermon Predigt *(f.)*
Sermon on the Mount Bergpredigt *(f.) (Predigt von Jesus unter freiem Himmel, von der in den Evangelien berichtet wird)*
serpent Schlange *(f.) (etwas veraltet)*
servant Diener/in
serve dienen
service Gottesdienst *(m.)*, Dienst *(m.)*
servitude Knechtschaft *(f.) (veraltet)*
session Zeitblock *(m.)*, Sitzung *(f.) (innerhalb einer Konferenz usw.)*
sexual sexuell, geschlechtlich
sexuality Sexualität *(f.)*
shake schütteln

shake up aufrütteln
shame Schande *(f.)*, Scham *(f.)*
shameful beschämend
shameless schamlos
share Anteil *(m.)*
share teilen
sharp scharf
shatter zerbrechen
shed blood Blut vergießen
sheep Schaf *(n.)*
sheep stealing Schafe stehlen *(Mitgliederabwerbung)*
shelter schützen
Shelter Obdachlosenhilfe *(f.)* *(Wohltätigkeitsverband in GB)*
sheltered behütet
shepherd Hirte *(m.)*
shepherding Hirtendienst *(Betreuung der Glaubenden)*
shield Schutzschild *(n.)*
shield of faith Schild des Glaubens
shine glänzen, scheinen
shore Küste *(f.)*
shoulder Schulter *(f.)*
shout Ruf *(m.)*, Schrei *(m.)*
show zeigen
shun meiden *(veraltet)*
sick krank
be sick sich übergeben
sickness Krankheit *(f.)*
sight Sehvermögen *(n.)*
sign Zeichen *(n.)*
signs and wonders Zeichen und Wunder
significance Bedeutung *(f.)*, Tragweite *(f.)*
silence Schweigen *(n.)*, Stille *(f.)*
silver Silber *(n.)*
similar ähnlich
similarity Ähnlichkeit *(f.)*
Simon Simon
simple einfach, schlicht
simple-minded einfältig
sin Sünde *(f.)* *(Handlungen, Gedanken usw. die den Maßstäben Gottes nicht entsprechen)*
sin sündigen
sin offering Sündopfer *(n.)* *(rituelles Opfer im Alten Testament)*
sinful sündig
sinfulness Sündhaftigkeit *(f.)*
sincere aufrichtig
single ledig, unverheiratet; einzeln
sister Schwester *(f.)*, Ordensschwester *(f.)* *(manchmal auch als Anrede für weibliche Gemeindemitglieder)*
sister in law Schwägerin *(f.)*
skillful geschickt
sky Himmel *(m.)*
slain: be slain in the Spirit ruhen im Geist *(ohnmachtsähnlicher Zustand, bei dem die Person oft tiefgreifende geistliche Erfahrungen macht; tritt vorwiegend in charismatischen Gruppen auf)*
slander verleumden
slaughter schlachten
slave Sklave/Sklavin
slavery Sklaverei *(f.)*
slay töten
slumber schlummern
smoke Rauch *(m.)*
snake Schlange *(f.)*
snare Schlinge *(f.)*
social ministry Diakonie *(f.)*
soldier Soldat *(m.)*

solid fest
solution Lösung *(f.)*
son Sohn *(m.)*
Son of God Sohn Gottes *(= Jesus)*
song Lied *(n.)*
soon bald
sorrow Traurigkeit *(f.)*
soul Seele *(f.) (bezieht sich meist auf die innere Persönlichkeit; wird manchmal in der Mehrzahl mit der Bedeutung »Menschen« gebraucht)*
sound rechtgläubig; richtig
sound Klang *(m.)*
sound desk Mischpult *(n.)*
source Quelle *(f.)*
sovereign königlich
sovereignity Herrschaft *(f.)*
sow aussäen
sower Sämann *(m.)*
sparrow Spatz *(m.)*
speaker Referent/in, Redner/in
speaker Lautsprecher *(m.) (Kurzform von* loudspeaker*)*
spear Speer *(m.)*
speech Sprache *(f.)*, Ansprache *(f.)*
spirit Geist *(m.) (Bezeichnung des geistlichen Teils der inneren Persönlichkeit)*
Holy Spirit Heiliger Geist *(m.) (göttliche Person, dritte Person der Dreieinigkeit)*
spiritual geistlich
spiritual gift Geistesgabe *(f.) (übernatürliche Fähigkeit, die vom Heiligen Geist verliehen wird)*
spiritual hunger geistlicher Hunger *(m.) (Sehnsucht nach einer Erfahrung mit Gott)*
spiritual warfare geistliche Kampfführung *(f.) (meist in bezug auf unseren Kampf mit den übernatürlichen Mächten, die gegen Gott stehen)*
spiteful gehässig
splendour *(GB)*, **splendor** *(USA)* Pracht *(f.)*, Glanz *(m.)*
spring Quelle *(f.)*
sprinkle besprengen *(besonders als Methode der Taufe)*
star Stern *(m.)*
starve verhungern
statement Erklärung *(f.)*, Verlautbarung *(f.)*
statute Satzung *(f.)*
steadfast standhaft, unerschütterlich
steal stehlen
step Schritt *(m.)*
step out in faith einen Schritt im Glauben wagen
stewardship Verwalterschaft *(f.)*
stir up aufrütteln
stirring aufrüttelnd
stone Stein *(m.)*
stone steinigen *(Form der Todesstrafe im antiken Israel)*
store Vorrat *(m.)*
store up speichern
storm Sturm *(m.)*
story Geschichte *(f.)*, Erzählung *(f.)*
straight gerade
the straight way der gerade Weg *(m.) (der konsequenten Nachfolge)*
strange seltsam
stranger Fremde/r

strategy Strategie *(f.)*
stream Strom *(m.)*, Wasserlauf *(m.)*
strength Stärke *(f.)*, Kraft *(f.)*
  strengthen stärken
string Saite *(f.)* *(einer Gitarre usw.)*
strive (for) streben (nach)
strong stark, kräftig
  stronghold Festung *(f.)*
struggle kämpfen
stumble stolpern
subjection Unterwerfung *(f.)*
  be subject to sich unterordnen unter
submission Unterordnung *(f.)*
  submit unterordnen
substitute Stellvertreter *(m.)*
succeed Erfolg haben
  success Erfolg *(m.)*
  successful erfolgreich
successor Nachfolger/in
sudden plötzlich
suffer leiden
  suffering Leiden *(n.)*
sufficient genug
suggest vorschlagen
  suggestion Vorschlag *(m.)*
suicide Selbstmord *(m.)*
  commit suicide Selbstmord begehen
summary Zusammenfassung *(f.)*
sun Sonne *(f.)*
Sunday school Sonntagsschule *(f.)* *(GB: Kindergottesdienst; USA: auch Kurse in der Kirche für Erwachsene)*
sunrise Sonnenaufgang *(m.)*
sunset Sonnenuntergang *(m.)*
superior höher *(gestellt)*; besser
  superiority Überlegenheit *(f.)*
supernatural übernatürlich
superstition Aberglaube *(m.)*
supervise beaufsichtigen
supervision Aufsicht *(f.)*
supper Abendmahlzeit *(f.)*
  the Lord's supper das Abendmahl *(n.)* *(Gottesdienst im Gedenken an die Kreuzigung Jesu)*
support Unterstützung *(f.)*
sure sicher, überzeugt
surface Oberfläche *(f.)*
surpass übersteigen
surprise Überraschung *(f.)*
surrender Übergabe *(f.)*
  surrender hingeben; sich ergeben
surround einschließen, umgeben
survival Überleben *(n.)*
  survive überleben
sustain one's efforts durchhalten
swallow schlucken
swear schwören
swift schnell
sword Schwert *(n.)* *(oft als Symbol für die Bibel)*
sympathy Mitleid *(n.)*
synagogue Synagoge *(f.)* *(jüdischer Sakralbau)*
synoptic gospel synoptische Evangelien *(Evangelien nach Matthäus, Markus und Lukas)*

T

tabernacle Stiftshütte *(f.)*, Tabernakel *(m.)* *(beweglicher, zeltartiger Sakralbau im Alten Testament; gelegentlich auch:* Kirche, Kapelle*)*

table Tisch *(m.)*
the Lord's table der Tisch des Herrn *(beim Abendmahl)*
tablets of the law Gesetzestafeln *(pl.) (die Steintafeln, die Mose empfing)*
tambourine Tamburin *(m.)*
task Aufgabe *(f.)*
taste Geschmack *(m.)*
taste schmecken
tax Steuer *(f.)*
tax collector Steuereinnehmer *(m.)*
teach lehren, unterweisen
teacher Lehrer/in
tears Tränen *(pl.)*
temper: bad/hot temper Jähzorn *(m.)*
temperance Enthaltsamkeit *(f.)*
temperate gemäßigt
temple Tempel *(m.)*
tempt verleiten, versuchen
temptation Versuchung *(f.)*, Anfechtung *(f.)*
tenant Pächter/in
tender empfindlich; liebevoll
tent Zelt *(n.)*
tent-maker Zeltmacher/in *(Missionar/in mit weltlichem Beruf zur Eigenfinanzierung, nach dem Beispiel des Apostels Paulus)*
term Frist *(f.)*, (bestimmte) Zeit *(f.)*
terrible schrecklich
terrific großartig
territorial spirits territoriale Geister *(die Lehre, daß bestimmte geistliche Mächte bzw. Dämonen Macht über bestimmte geographische Gebiete ausüben)*
territory Gebiet *(n.)*, Territorium *(n.)*
terrorism Terrorismus *(m.)*
terrorize terrorisieren
testify bezeugen *(einen subjektiven Bericht über den eigenen Glauben geben)*
testimony Zeugnis *(n.)*
Thaddeus Thaddäus
thank danken
thank offering Dankopfer *(n.)*
thankful dankbar
thanksgiving Danksagung *(f.)*, (Ernte)Dankfest *(n.)*
theme Thema *(n.)*
therapeutic therapeutisch, seelsorgerlich
therapy Therapie *(f.)*
thief Dieb/in
thirst Durst *(m.)*
thirsty durstig
thirsty land dürres, ausgetrocknetes Land
Thomas Thomas
thorn Dorn *(m.)*
thoughtful nachdenklich
thresh dreschen
throat Kehle *(f.)*
throne Thron *(m.)*
thunder Donner *(m.)*
thunderstorm Gewitter *(n.)*
tire ermüden
tithe Zehnter *(m.) (regelmäßige Spende eines Zehntels des Einkommens nach biblischem Vorbild)*
tithe den Zehnten geben
toil schwere Arbeit
tomb Grab *(n.)*

tongue Zunge *(f.)*
gift of tongues Gabe des Sprachengebets *(übernatürliche Fähigkeit, in unbekannter Sprache zu beten wie in der Urgemeinde)*
torment Qualen *(pl.)*
touch berühren, anrühren
tower Turm *(m.)*
tract Traktat *(n.) (Broschüre mit grundlegender Information über den Glauben)*
trader Händler/in
tradition Tradition *(f.)*
train schulen
traitor Verräter/in
trample zertrampeln
transfiguration Verklärung *(f.) (besonders die Begebenheit, als die Jünger Jesus mit verändertem, leuchtendem Aussehen sahen)*
transform verwandeln
transgress übertreten
transgression Übertretung *(f.)*, Sünde *(f.)*
translation Übersetzung *(f.)*
trap Falle *(f.)*
travel reisen
treacherous verräterisch, trügerisch
tread (on) treten (auf) *(m.)*
treasure Schatz *(m.)*, Reichtum *(m.)*
treasurer Schatzmeister/in, Kassierer/in *(z.B. einer Gemeinde)*
treat behandeln
treatment Behandlung *(f.)*
tremble zittern
trespass Vergehen *(n.)*
Forgive us our trespasses Vergib uns unsere Schuld
trespass unbefugt betreten
trial Prozeß *(m.)*, Gerichtsverhandlung *(f.)*
tribe Stamm *(m.)*
the twelve tribes of Israel die zwölf Stämme Israels
tribulation Zeit der Verfolgung und Anfechtung *(besonders in der Endzeit)*; Anfechtung *(f.)*, Versuchung *(f.)*
trickery Hinterlist *(f.)*
trinitarian bezogen auf die Dreieinigkeit
trinity Dreieinigkeit *(f.) (die Lehre, daß Gott aus drei Personen, Vater, Sohn und Heiligem Geist, besteht)*
trouble Ärger *(m.)*, Schwierigkeiten *(pl.)*
true wahr
trumpet Posaune *(f.)*, Trompete *(f.)*
trust Vertrauen *(n.)*
trust vertrauen
trusting vertrauensvoll
trustworthy vertrauenswürdig
truth Wahrheit *(f.)*
truthful wahrhaftig, wahrheitsgemäß
try versuchen
turmoil Aufruhr *(m.)*
turn over a new leaf einen neuen Anfang machen
type Typus *(m.)*, Symbol *(n.)*
typology Typologie *(f.) (Interpretation von alttestamentlichen Personen als Symbol für Jesus Christus)*

U

unashamed ohne Scham
unbelief Unglaube *(m.)*
unbeliever Ungläubige/r
unchanging unveränderlich
unchurched kirchenfern
the unchurched kirchenferne Menschen, »Entkirchlichte«
uncircumcised unbeschnitten *(alttestamentliche Bezeichnung für Nicht-Juden)*
unclean unrein *(im Zusammenhang mit der rituellen Reinheit im Alten Testament)*
unconscious unbewußt; bewußtlos
uncover aufdecken
unction Salbung *(f.)*, Ölung *(f.)*
extreme unction letzte Ölung *(f.)* *(katholische Amtshandlung an sterbenden Menschen)*
understand verstehen
understanding Verständnis *(n.)*
undivided ungeteilt
unemployment Arbeitslosigkeit *(f.)*
unfailing treu, unermüdlich
unfaithful untreu
ungodly gottlos
union Vereinigung *(f.)*
united we stand, divided we fall Einigkeit macht stark
unity Einheit
universe Universum *(n.)*
university chaplain Studentenpfarrer/in
unleavened bread ungesäuertes Brot *(n.)* *(Brot ohne Hefe, das nicht aufgeht)*
unless wenn nicht
unloving lieblos
unmarried unverheiratet
unrighteous ungerecht
unworthy unwürdig
uphold aufrechterhalten
upright aufrichtig
urban städtisch
urge eindringlich bitten, drängen
urgency Dringlichkeit *(f.)*
urgent dringend
useful brauchbar, nützlich
useless unbrauchbar, nutzlos; zwecklos

V

vain eitel, eingebildet
in vain umsonst, vergeblich
valley Tal *(n.)*
value Wert *(m.)*
values (moralische) Werte
vanity Eitelkeit *(f.)*, Nichtigkeit *(f.)*
various verschiedene
vast riesengroß, gewaltig
veil Schleier *(m.)*
vengeance Rache *(f.)*
vengeful rachsüchtig
verger Küster/in
verse Vers *(m.)* *(besonders die numerierten Abschnitte innerhalb der Kapitel in der Bibel)*
version Fassung *(f.)*, Ausgabe *(f.)* *(besonders:* Übersetzung *der Bibel)*
vicar Pfarrer/in *(in der* Church of England*)*
vicinity Nähe *(f.)*
victim Opfer *(n.)*
victimize schikanieren

victorious siegreich
victory Sieg *(m.)*
victory procession Siegeszug *(m.)*
vindicate rechtfertigen
vine Weinstock *(m.)*, Rebe *(f.)*
vineyard Weinberg *(m.)*
Vineyard movement Vineyard-Bewegung *(f.) (charismatischer Gemeindeverband, besonders in USA)*
violate (the law) verstoßen (gegen das Gesetz)
violence Gewalttätigkeit *(f.)*
violent gewalttätig
viper Viper *(f.)*
virgin Jungfrau *(f.)*
the Virgin Mary die Jungfrau Maria *(Mutter Jesu)*
virtue Tugend *(f.)*
visible sichtbar
vision Vision *(f.) (gottgeschenkte Einsicht, meist in bildhafter Form)*
visit with *(USA)* einen Hirtenbesuch abstatten *(m.) (um eine Person zu ermutigen oder ein seelsorgerliches Gespräch zu führen)*
vocabulary Wortschatz *(m.)*
voice Stimme *(f.)*
volume Lautstärke *(f.)*; Band *(m.) (z.B. eines mehrbändigen Werkes)*
voluntary freiwillig
volunteer Freiwillige/r
volunteer freiwillig dienen, sich freiwillig melden
vomit brechen, sich übergeben
vow Gelübde *(n.)*
vow schwören, geloben
vulnerable verwundbar, ohne Maske *(f.) (bezeichnet meist eine persönliche Offenheit ohne psychologische Schutzmechanismen)*

W

wage Lohn *(m.)*
wait warten
wait on the Lord harren auf den Herrn
walk with God Wandel mit Gott *(Lebensstil der Nachfolge)*
wall Mauer *(f.)*
wander herumirren, herumwandern; vom Thema abkommen
war Krieg *(m.)*
warning Warnung *(f.)*
warrior Krieger *(m.)*
watch and pray wachen und beten
watchman Wächter *(m.) (besonders zum Schutz einer Stadt in biblischer Zeit)*
water Wasser *(n.)*
living water lebendiges Wasser *(Symbol für das geistliche Leben, das Gott schenkt)*
water baptism Wassertaufe *(f.)*
wave Welle *(f.)*
way Weg *(m.)*
weak schwach
weakness Schwäche *(f.)*
wealth Wohlstand *(m.)*
wealthy wohlhabend, reich
weapon Waffe *(f.)*
wear tragen (Kleidung)
weariness Müdigkeit *(f.)*, Erschöpfung *(f.)*
wedding Hochzeit *(f.)*, Trauung *(f.)*

weep weinen
weight Gewicht *(n.)*
well: all's well that ends well Ende gut, alles gut
whale Wal *(m.) (der große Fisch aus dem biblischen Buch »Jona« wird manchmal als Wal bezeichnet)*
wheat Weizen *(m.)*
  wheat harvest Weizenernte *(f.)*
whisper flüstern
white as snow schneeweiß *(Symbol unserer Reinheit, nachdem Gott uns unsere Sünden vergeben hat)*
Whitsun Pfingsten *(n.) (Feier im Kirchenjahr als Erinnerung an die Ausgießung des Heiligen Geistes auf die ersten Christen)*
whole heil; ganz, vollständig
  wholeness *(umfassende Bezeichnung für körperliche und geistliche Gesundheit)*
whore Hure *(f.)*
wicked böse, verdorben
wide open weit offen
widow Witwe *(f.)*
  widowed verwitwet
  widower Witwer *(m.)*
wife Ehefrau *(f.)*
willingness Bereitschaft *(f.)*
wilt verwelken
wine Wein *(m.)*
wing Flügel *(m.)*
wipe away (tears) wegwischen (Tränen)
wisdom Weisheit *(f.)*
  wise weise
witch Hexe *(f.)*
  witchcraft Hexerei *(f.)*
withdraw sich zurückziehen
wither verdorren
witness Zeuge/Zeugin
Woe! Wehe!
wolf Wolf *(m.)* **wolves** Wölfe
woman Frau *(f.)*
womb Mutterleib *(m.)*
wonder Wunder *(n.)*
wonder sich fragen
  wonderful wunderbar
wood Wald *(m.)*; Holz *(n.)*
wool Wolle *(f.)*
word Wort *(n.)*
  give a word ein Wort bringen *(predigen/prophetisch reden)*
  word of God Wort Gottes *(die Bibel)*
  Word of God *(Titel für Jesus)*
  word of greeting Grußwort *(n.)*
  word of prophecy prophetisches Wort *(n.) (prophetische Aussage)*
  word of testimony Zeugnis *(n.)*, Erfahrungsbericht *(m.)*
works Werke *(pl.) (unsere Taten für Gott; nach dem Neuen Testament sind sie die Folge unseres Heils, nicht die Bedingung)*
  works of faith Werke des Glaubens
  works of the law Werke des Gesetzes
world Welt *(f.)*
  worldliness Weltlichkeit *(f.)*
  worldly weltlich *(von den Maßstäben der Umwelt geprägt, inkonsequent im Glauben)*
worry Sorge *(f.)* ; sich sorgen
worship Anbetung *(f.) (Verehrung Gottes durch Beten und/oder*

Singen)
worship anbeten
worthless wertlos
worthy würdig
wound Wunde *(f.)*
wrath Zorn *(m.) (etwas veraltet)*
writer Autor/in
wrong teaching Irrlehre *(f.)*

Y

year Jahr *(n.)*
year of Jubilee Jubeljahr *(n.) (Jahr im Alten Testament, in dem Schulden gelöscht wurden)*
yearn sich sehnen
yeast Hefe *(f.)*
yell aufschreien, laut rufen *(umgangssprachlich)*
yoke Joch *(n.)*
take my yoke upon you nimm mein Joch auf dich
youth fellowship Jugendgruppe *(f.)*
youth minister Jugendpastor/in
youth work Jugendarbeit *(f.)*

Z

zeal Eifer *(m.)*
zealous eifrig
Zion Zion *(m.) (Berg in Israel, Symbol für die nationale und geistliche Identität Israels)*

A

Abart perversion
Abend evening
  Abendmahl communion, the Lord's supper *(service in remembrance of the crucifixion of Jesus)*
Aberglaube superstition
abfallen (vom Glauben) fall away (from the faith)
Abkehr turning away
Abkömmling offspring, descendant
Abkommen agreement, treaty
Abkürzung abbreviation; short cut
ablehnen reject *(v.)*
  Ablehnung rejection
abnehmen decrease *(v.)*
abreisen depart *(v.)*
absagen cancel *(v.)*
abschaffen abolish *(v.)*
Abscheu horror, revulsion
Absicht intention
  absichtlich deliberate *(adj.)*
absolut absolute(ly)
Absolution absolution *(assurance of forgiveness, usually spoken by a Catholic priest)*
Abtreibung abortion
abweichen deviate *(v.)*
  Abweichung deviation
Abwesenheit absence
acht haben be watchful
Achtung respect
Adler eagle
adlig noble
adoptieren adopt *(v.)*
Advent, Ankunft advent
aggressiv fierce, aggressive
Ägypten Egypt
ähnlich similar
  Ähnlichkeit similarity, likeness
Akkord chord *(in music)*
Alkohol alcohol
  Alkoholiker/in alcoholic
Allerheiligstes Holy of Holies *(specially consecrated part of Old Testament worship buildings)*
Allmacht omnipotence
  allmächtig almighty, omnipotent
Allwissenheit omniscience
Alt alto
alt old, aged
Altar altar
Alter age
altertümlich ancient
Altes Testament Old Testament *(the section of the Bible written before the time of Jesus)*
Älteste/r elder *(member of the church leadership, particularly in a free church)*
amoralisch amoral
Amtseinführung inauguration
Analyse analysis
  analysieren analyse *(v.)*
anbefehlen entrust, commit *(v.)*
  ich befehle dich der Gnade Gottes an I commit you to the grace of God
anbeten worship *(v.)*
  Anbetung worship *(honour given to God in prayer and/or song)*
anbieten offer *(v.)*
andächtig devout
ändern change *(v.)*
Andreas Andrew
Anerkennung recognition
Anfechtung temptation, tribulation

anflehen beg, implore *(v.)*
angeben boast *(v.)*
Angebot offer
Angestellte/r employee
Angriff attack
Angst fear, anxiety
  ängstlich anxious
anheuern hire *(v.) (especially used of agricultural workers employed on a daily basis in biblical times)*
anklagen accuse *(v.)*
ankündigen announce *(v.)*
  Ankündigung announcement
Ankunft arrival
Anlaß occasion, cause
Anliegen concern
anmaßend arrogant
annehmen accept *(v.)*
anordnen order, decree *(v.)*
anpassen adjust, adapt *(v.)*
Anrecht claim, entitlement
anrufen call *(v.) (on God in prayer)*
anrühren touch *(v.)*
ansehnlich handsome
Anskar-Kirche *(independent charismatic church arising from a Lutheran background)*
Anspruch claim
  in Anspruch nehmen appeal to, claim, call on
Anstand propriety *(especially relating to correct behaviour)*
  anständig decent, respectable
anstatt instead (of)
Anstrengung effort
Anteil share
antworten reply, respond *(v.)*
Apostel apostle
  apostolisch apostolic
appellieren (an) appeal (to) *(v.)*
Arbeit work, labour *(GB)*, labor *(USA)*
  Arbeitgeber/in employer
  Arbeitnehmer/in employee
  Arbeitslosigkeit unemployment
Arche ark
Ärger trouble
arm poor
  Armut poverty
Aroma aroma
Artikel article *(definition of the belief of a denomination on a particular point)*
Astrologie astrology
Asyl asylum
Atem breath *(sometimes a symbol of life or of the Holy Spirit)*
Atheismus atheism
  Atheist/in atheist
atmen breathe *(v.)*
aufdecken uncover *(v.)*
Auferstehung resurrection *(especially refers to Jesus rising from death after the crucifixion; also used for the life Christians await after death)*
Aufgabe task
  aufgeben give up, forsake *(v.)*
aufgehen rise *(v.) (especially sun and moon)*
aufgeregt excited
Auflehnung rebellion
Aufmerksamkeit attention
aufopferungsvoll sacrificial
aufrechterhalten uphold *(v.)*
Aufregung excitement, turmoil
aufrichten raise, set up *(v.)*
aufrichtig upright, sincere

Bekehrung conversion *(experience in which a person asks God to forgive his/her sins and take control over his/her life)*
bekennen confess *(v.)*
Sünden bekennen confess sins; **sich zum Glauben bekennen** confess one's faith
Bekenntnis confession *(confession of sins; confession of faith)*
Bekenntnisbewegung *(conservative evangelical movement within the established Protestant churches in Gemany)*
beklagen lament, complain *(v.)*
belasten afflict, oppress *(v.)*
Belastung oppression
Beleidigung insult
belohnen reward *(v.)*
Belohnung reward
belügen lie to *(v.)*
bemerkenswert remarkable
Bemerkung remark
benötigen require, need *(v.)*
beobachten observe *(v.)*
Beobachter/in observer
berauben rob *(v.)*
bereichern enrich *(v.)*
Bereicherung enrichment
bereit willing, prepared
Bereitschaft willingness
bereuen regret *(v.)*
Berg mountain, mount
Bergpredigt Sermon on the Mount *(open-air sermon preached by Jesus, reported in the gospels)*
Bericht report
Berufung calling
berühren touch *(v.)*
beschäftigen employ *(v.)*
beschämend shameful
Beschluß resolution *(in an official meeting)*
beschmutzen contaminate, pollute *(v.)*
beschneiden circumcise *(v.) (Old Testament rite; was performed on male babies)*
Beschneidung circumcision
beschränken limit *(v.)*
beschreiben describe *(v.)*
Beschreibung description
beschuldigen blame *(v.)*
Beschwerde complaint
besessen possessed *(by demonic influences)*
von einer Idee besessen sein be obsessed with an idea
besiegen defeat *(v.)*
Besitz possession
besitzen possess *(v.)*
besonders especially
besorgen obtain *(v.)*
besorgt concerned
besprechen discuss, deliberate on *(v.)*
besprengen sprinkle *(v.) (especially as a method of baptism)*
beständig constant, consistent
bestätigen confirm *(v.)*
Bestätigung confirmation
Bestattungsinstitut undertaker
besteigen ascend, climb *(v.)*
bestimmen determine *(v.)*
bestimmt certain, sure; confident
bestrafen punish *(v.)*

bestreiten dispute *(v.)*
Besuch visit
beten pray *(v.) (method of speaking to God, can be aloud or silent, alone or in public)*
Betonung emphasis
betrachten consider *(v.)*
betreffen concern *(v.)*
betreten enter *(v.)*
betrügen deceive *(v.)*
  Betrüger/in deceiver
betteln beg *(v.)*
beugen: sich beugen *(v.)* humble oneself
bevölkern populate *(v.)*
  Bevölkerung population
Bevollmächtigung authorization
bewegen move *(v.)*
  Beweggrund motive
  Bewegung movement
beweihräuchern surround with incense *(v.)*
Beweis proof
  beweisen prove *(v.)*
bewußtlos unconscious
bezeichnen denote, designate, call *(v.)*
bezeugen testify *(v.) (give a subjective account of one's faith)*
Beziehung relationship
Bibel Bible
  bibelfest firmly grounded in the Bible *(used of someone who has a thorough knowledge of the Bible)*
  Bibelschule Bible college, theological college, Bible seminary
  Bibelstelle Bible reference *(a specific verse or passage in the Bible)*
  Bibelstunde Bible study meeting
  biblisch scriptural *(related to the Bible; consistent with the teaching of the Bible)*
Bild picture *(sometimes used to describe a vision-like inner image with a spiritual significance)*
billigen approve of *(v.)*
binden bind *(v.)*
Binnensee lake
Bischof/Bischöfin bishop
  bischöflich episcopal
Bitte request, petition *(directed to God in prayer or to another person when asking a favour)*
  bitten ask *(v.)*
bleiben remain *(v.)*
blind blind
Blasphemie blasphemy
Blitz lightning
  Blitzschlag lightning strike
  Donner und Blitz thunder and lightning
Blume flower
Blut blood *(often as a symbol for the death of Jesus as a sacrifice for us)*
  Blut vergießen shed blood
  bluten bleed *(v.)*
  Blutrache blood vengeance
Boden ground; soil
böse wicked, evil; angry
  böser Geist evil spirit *(unseen spiritual being opposed to God)*
Bogenschütze archer
boshaft malicious
  Bosheit malice
Bote/Botin messenger

Botschaft message
Botschafter/in ambassador
Brandopfer burnt offering *(burnt animal sacrifice in the Old Testament)*
brauchbar useful
Braut bride
Braut Christi Bride of Christ *(symbol of the church)*
Bräutigam bridegroom *(sometimes a symbol of Christ)*
brechen break; vomit *(v.)*
Brechen des Brotes breaking of bread *(term for communion)*
brennender Busch burning bush
Brennpunkt focal point
Brief letter, epistle
Bronze bronze
Brot bread
Brot des Lebens Bread of Life *(term for Jesus in John's gospel, chap. 6)*
Bruch breach
Brücke bridge
Bruder brother
Bruder in Christus brother in Christ *(fellow Christian)*
Brüdergemeinde Brethren church
Bruderschaft brotherhood
Brustpanzer breastplate *(part of Roman military armour)*
Bücher (der Bibel) books (of the Bible) *(the Bible is a collection of separate »books« – 66 in Protestant Bibles, 74 in Catholic Bibles)*
Buchstabe letter *(typographical character)*
Bund covenant *(an agreement involving mutual promises, especially between God and men/women)*; association *(national organization of a denomination)*
Bund freier evangelischer Gemeinden (FEG) *(association of free evangelical churches)*
Bund Freikirchlicher Pfingstgemeinden (BFP) *(association of Pentecostal churches)*
der Neue Bund the New Covenant *(the new relationship with God that was made possible by Jesus)*
Bürde burden
Bürdenträger burden bearer
Bürger/in citizen
Bürgerrechte civil rights
Büro office
Busch bush
Buß- und Bettag »Repentance and prayer day« *(moveable feast in November in Protestant church calendar)*
Buße repentance
Buße tun repent *(especially as part of a conversion experience)*
Bußfertigkeit brokenness *(willingness to admit one's faults)*
Bußübung penance *(voluntary self-punishment as an atonement of sins, especially in the Medieval Catholic church)*

C

Charismatiker/in charismatic *(usually used for Christians who*

practice the gifts of the spirit)
charismatische Bewegung charismatic movement
Chor choir
Choral chorale
Chorleiter/in choirmaster, choirmistress
Chorus chorus *(short, relatively modern worship song)*
Chrischona-Gemeinschaftswerk *(evangelical church movement with its headquarters in Switzerland*
Christ/in Christian *(general use: a person who is linked with a church, however loosely; specific use: a person who is a committed follower of Christ)*
Christentum Christianity
christlich Christian *(adj.)*
Christlicher Gemeinschaftsverband Mühlheim/Ruhr (Mühlheimer Verband) *(charismatic evangelical church movement)*
Christliches Zentrum charismatic/Pentecostal church *(mainly a large central church in a city)*
Christus Christ *(title of Jesus of Nazareth: »the anointed one«)*
chronologisch chronological

D

Dämon demon *(invisible spirit being in the service of Satan)*
Dämonen austreiben casting out demons
dankbar thankful, grateful
Dankbarkeit gratitude
danken thank *(v.)*
Dankopfer thank offering
Danksagung thanksgiving
darstellen represent, portray *(v.)*
Debatte debate
Dekan/in dean
Dekret decree
Demonstration demonstration
Demonstration von Gottes Macht visible proof of God's power
demonstrieren demonstrate *(v.)*
Demut humility
demütig humble
demütigen humiliate, humble *(v.)*
Demütigung humilitation
denken think *(v.)*
der Mensch denkt, aber Gott lenkt man proposes, but God disposes
Depression depression
deprimiert depressed
Deserteur deserter
Diakon/in deacon *(member of the leadership of a church)*
Diakonenkreis diaconate *(mainly in free churches)*
Diakonie social ministry *(especially care for the sick and elderly)*
Diakonisse *(sister in an order devoted to social care or health care)*
Dieb/in thief
dienen serve *(v.)*
Diener/in servant
Dienst ministry, service

Dienst der Heilung/Evangelisation/... ministry of healing/ evangelism/...
Dienstmagd maid
Diözese diocese
direkt direct
diskreditieren discredit
Diskussion discussion, debate
Disziplin discipline
Dom cathedral
Donner thunder
doppelt double
Dorn thorn
Drache dragon *(sometimes used as a symbol of the devil)*
drängen urge *(v.)*
Dreieinigkeit trinity *(the doctrine that the one God exists as three persons, the Father, Son and Holy Spirit)*
dreschen thresh *(v.)*
dringend urgent
Dringlichkeit urgency
dunkel dark
Dunkelheit darkness *(also used for situations that are without the light of God)*
durchbohren pierce *(v.) (expecially in descriptions of the crucifixion)*
durchhalten sustain one's efforts
dürfen be allowed to *(v.) (often used in traditional prayers etc. in the sense of* be privileged to*)*
dürres Land thirsty land *(land that is dry as a result of hot, dry weather)*
Durst thirst
durstig thirsty

E

eben level
Ebene plain *(flat expanse of land)*
echt genuine
edel noble
ehe before
Ehe marriage
Eheberatung marriage counselling
Ehebrecher/in adulterer
Ehebruch adultery
Ehefrau wife
ehelich marital
Ehemann husband
Ehescheidung divorce
Eheseelsorge marriage counselling
Ehre honour *(GB)*, honor *(USA)*, glory
ehrenwert honourable *(GB)*, honorable *(USA)*
Ehrerbietung obeisance, veneration
Ehrfurcht awe
Ehrgeiz ambition
ehrlich honest
ehrlich währt am längsten honesty is the best policy
Ehrlichkeit honesty
Eiche oak
Eid oath
Eifer zeal
eifersüchtig jealous *(sometimes used to show that God wants us to follow him completely, without any compromise)*
eifrig zealous, keen, enthusiastic
eigensinnig obstinate

eigensüchtig self-seeking
Eigentümer/in owner
Eigenwille self will
Eile mit Weile more haste, less speed
eindringlich bitten urge
einfach simple
einfältig simple-minded
einführen introduce *(v.)*
Eingang entrance
eingebildet vain
Eingebung inspiration *(unexpected, often sudden insight; sometimes used for thoughts that come directly from God)*
von Gott eingegeben inspired *(especially used of the divine origin of the biblical texts)*
Einheit unity
Einigkeit macht stark united we stand, divided we fall
Einkehrtage retreat
Einkehrzeit retreat *(a few days of prayer and meditation spent by a group of Christians in quiet accommodation)*
einladen invite *(v.)*
Einladung invitation
Einleitung introduction
einmütig united, in agreement
einsam lonely
Einsamkeit loneliness
einschließen surround *(v.)*
einschließlich including
Einschränkung limitation
einschüchtern intimidate *(v.)*
Einsegnung dedication, consecration
einsehen realize, admit *(v.)*
einsetzen appoint, ordain *(v.)*
Einsetzung inauguration
Einsicht realization, admission
einsperren imprison *(v.)*
eintreten in enter *(v.)*
Einwand objection
Einwände haben (gegen) object (to)
Einweihung dedication
einzeln single
Eisen iron
eitel vain
Eitelkeit vanity
Elend misery
Elia Elijah
Elisa Elisha
Eltern parents
Elternteil parent
Empfänger/in recipient
empfehlen recommend *(v.)*
Empfehlung recommendation
empfindlich (für) sensitive (to)
Ende end
Ende gut, alles gut all's well that ends well
Endzeit the last days
eng narrow
engagiert involved
enge Pforte narrow door
Engel angel *(supernatural, spiritual being in the service of God)*
entbehren suffer lack *(v.)*
Entbehrung hardship, lack
entehren dishonour *(GB)*, dishonor *(USA) (v.)*
entfalten develop, unfold *(v.)*
entfernen remove *(v.)*
enthalten contain *(v.)*
sich enthalten (von) abstain

(from) *(v.)*
Enthaltsamkeit temperance, abstinence
enthüllen reveal *(v.)*
entkommen escape *(v.)*
entmutigen discourage *(v.)*
Entmutigung discouragement
Entmythologisierung demythologism
Entrückung Rapture *(doctrine that Christians will be taken from the earth before the Last Days)*
entscheiden decide *(v.)*
Entscheidung decision
entschlossen determined
Entschlossenheit determination
Entschluß decision, resolution
enttäuschen disappoint *(v.)*
Entweihung desecration
entwickeln develop *(v.)*
Entwicklung development
erbärmlich pitiful
erbaulich edifying *(encouraging, building up a person's faith)*
Erbe heir *(person)*; inheritance *(material goods etc.)*
erben inherit *(v.)*
Erbschaft inheritance, heritage
Erbsünde original sin *(refers to the fact that all men and women are sinners, and to the biblical origin of sin in Adam and Eve)*
Erdbeben earthquake
Erde earth
Ereignis event
Erfolg success
erfolgreich successful
erforschen investigate, study *(v.)*
erfreuen: sich erfreuen an delight in *(v.)*
erfreut glad, pleased
erfrischen refresh *(v.)*
erfüllen fulfil *(v.)*
erfüllt mit dem Heiligen Geist filled with the Holy Spirit
Erfüllung fulfillment
ergeben: sich ergeben surrender *(v.)*
Ergebnis result
ergreifen seize *(v.)*
ergründen fathom
erhaben exalted
erhalten receive *(v.)*
erheben raise, lift up *(v.)*
erinnern remind *(v.)*
sich erinnern remember *(v.)*
Erkenntnis insight
erklären explain *(v.)*
Erklärung explanation
Erläuterung explanation
erlangen obtain *(v.)*
Erlaß decree, edict
erlauben permit, allow *(v.)*
Erlaubnis permission
Erleichterung relief
erleuchten enlighten, illuminate *(v.)*
Erlöser redeemer, Saviour *(GB)*, Savior *(USA) (title used for Jesus Christ)*
Erlösung redemption *(refers to the fact that Jesus has freed us from the guilt of our sin)*
ermahnen exhort *(v.)*
Ermahnung exhortation
ermüden tire *(v.)*
ermutigen encourage *(v.)*
Ermutigung encouragement

Ernährer ***(der Familie)*** provider
erneuern renew *(v.)*
Erneuerung renewal *(especially used to describe a renewed intensity of spiritual life)*
erniedrigen humiliate *(v.)*
Ernte harvest
Erntedankfest harvest festival *(harvest thanksgiving celebration in the church year)*
erquicken refresh *(v.)*
erreichen attain *(v.)*
erschaffen create *(v.)*
erscheinen appear *(v.)*
Erscheinung appearance
Erschöpfung exhaustion
erschrecken frighten; be frightened *(v.)*
Erstgeborener firstborn *(the first-born son had a special status in Jewish families in biblical times)*
Erstlinge firstfruits *(the first part of the harvest and the first offspring of farm animals played a special role in sacrifices in the Old Testament)*
ertragen bear, put up with *(v.)*
ertrinken drown *(v.)*
Erwählung election *(the teaching that we become Christians because God has chosen us)*
erwähnen mention *(v.)*
Erweckung revival *(used especially when many people are converted in a short time; sometimes used to describe personal renewal)*
erwidern respond *(v.)*
Erzählung story, narration
Erzbischof/Erzbischöfin archbishop
Erzengel archangel
erzeugen produce *(v.)*
erziehen train, educate *(v.)*
Eschatologie eschatology *(related to the final days before the second coming of Jesus)*
Esel donkey
essen eat *(v.)*
evangelikal (conservative) evangelical *(general term for Christians who take the Bible as the highest authority for truth)*
Evangelisation evangelism, mission, evanglistic campaign
evangelisch Protestant
Evangelisch-Freikirchliche Gemeinde (Baptisten & Brüdergemeinden) *(association of Baptist and Brethren churches in Germany)*
Evangelisch-Methodistische Kirche (Methodisten) Methodist church
Evangelische Allianz Evangelical Alliance
Evangelische (Landes-)Kirche state church, established Protestant church
Evangelist/in evangelist *(person who spends much time communicating the message of Jeus to as many people as possible)*
Evangelium gospel *(the good news that we can have forgiveness and a renewed life because of Jesus; also used to designate the first four books in the New Testament)*

Evolution evolution *(theory of the biological development of the various forms of life)*
ewig eternal
ewiges Leben eternal life
Ewigkeit eternity
Existentialismus Existentialism *(school of philosophy in the 20th century)*
Existenz existence
Existenz Gottes existence of God *(term used in philosophical discussion of whether God exists)*
existieren exist *(v.)*
Exorzismus exorcism *(term used for driving out evil spirits; usually used in a sensationalist context)*

F

Fähigkeit ability
Falle trap
falsch false, wrong
Familie family
fanatisch fanatic
Fanatismus fanaticism
fangen ensnare, catch, trap
Fassung version
fasten fast *(v.)*
Fastentag day of fasting
faul lazy
Faulheit laziness
Fehler mistake, fault, error
fehlerfrei flawless, faultless
Feier celebration
Feierlichkeit ceremony
feiern celebrate *(v.)*
Feiertag public holiday
Feige fig *(fruit)*
Feind enemy
feindlich (gesinnt) hostile
Feindseligkeit hostility
Fels rock
Ferse heel
fest firm
fester Wille resolve, determination
Fest festival
Festmahl banquet
Festnahme arrest
Festung stronghold
Feuer fire *(sometimes a symbol of the Holy Spirit, sometimes a symbol of God's judgement)*
Feuerbestattung cremation
Feuersäule pillar of fire *(visible supernatural phenomenon that accompanied the Israelites under Moses on the way from Egypt to Canaan)*
feurige Pfeile fiery arrows *(symbol of temptation or difficulties)*
Fieber fever
finden find *(v.)*
Finger finger
Fisch fish
Fischer fisher(men) *(trade of several of the disciples of Jesus; a symbol of our task of telling others about him)*
Flamme flame
Fleisch flesh *(often used to refer to our sinful nature)*; meat
Fleischwerdung incarnation *(refers to the fact that the Son of God became human)*
Fleiß diligence
fleißig diligent

Fliegen: zwei Fliegen mit einer Klappe schlagen kill two birds with one stone
fliehen flee, escape *(v.)*
Flöte flute
Fluch curse *(an utterance that describes or causes misfortune, condemnation or other negative consequences)*
Flucht escape
flüchtig fleeting
Flüchtling refugee
Flügel wing
Fluß river
flüstern whisper *(v.)*
fördern promote *(v.)*
Folge consequence
folgen follow *(v.)*
Forderung requirement
fortfahren continue *(v.)*
Fortschritt progress
Fortschritte machen make progress
fortsetzen continue *(v.)*
fragen: sich fragen wonder *(v.)*
Frau woman
frei free
der freie Wille free will
Freie Christengemeinden in Österreich *(Pentecostal church movement in Austria)*
freigebig generous
Freiheit freedom
freikaufen redeem *(v.) (literally:* buy free*)*
freilassen release *(v.)*
freiwillig voluntary
sich freiwillig melden volunteer
Freiwillige/r volunteer
Freizeit houseparty, retreat *(also:* leisure time*)*
fremd strange; foreign, alien
Fremde/r stranger
Freßsucht gluttony
Freude joy
freudig joyful
Freudigkeit cheerfulness
die Freudigkeit haben be willing *(antiquated) (often to do an unpleasant or boring task)*
sich freuen rejoice
Freund/in friend
(fester) Freund boyfriend
(feste) Freundin girlfriend
freundlich kind, friendly
Freundschaft friendship
Friede peace
Gehet hin in Frieden Go in peace
Friedensbewegung pacifist movement
Friedefürst Prince of Peace *(title used for Jesus, based on a passage in the Old Testament)*
Friedensstifter peacemaker
Friedhof cemetery
Frist specified time
fröhlich joyful, cheerful
Frömmigkeit piety
frohlocken rejoice
fromm pious
er ist fromm he is a Christian believer
fromm werden get religion *(meist USA)*, get religious *(often used to mean a conversion experience)*
Frucht (des Geistes) fruit (of the

Spirit) *(especially as a symbol of the qualities of character which God wishes to produce in Christians)*
fruchtbar fruitful
führen lead *(v.)*
Führung guidance *(especially used for insights from God which are helpful in making important decisions)*
gute Führung good conduct
Fülle fullness *(often as a symbol of a life style that shows the power and love of God)*
füllen fill *(v.)*
Fundamentalismus fundamentalism *(movement that adheres strictly to the letter of the biblical text, largely excluding contextual questions)*
für immer for ever
Fürbitte intercession *(prayer for specific people or situations)*
Fürbitte tun intercede
Fürbitter/in intercessor
Furcht fear
furchtbar terrible
furchtlos fearless
Fürsorge care
Fürsprecher advocate
Fußstapfen footsteps
in seine Fußstapfen treten follow in his footsteps *(i.e. follow the example of Jesus)*

G

Gabe des/der ... gift of ...
Geistesgaben spiritual gifts
Gang aisle
ganz whole *(in the sense of complete, healthy, intact)*
Garten garden
der Garten Eden the garden of Eden
Gastfreundschaft hospitality
Gastgeber host
Gastgeberin hostess
geben give *(v.)*
Gebet prayer *(method of speaking to God, can be aloud or silent, alone or in public)*
Gebetsanliegen prayer request
Gebetskette prayer chain *(arrangement to pass on prayer requests to others so that several people can pray for a situation)*
Gebiet territory, region
geboren born
Gebot commandment
die Zehn Gebote the Ten Commandments
gebrannt burnt
gebranntes Kind scheut das Feuer once bitten, twice shy
Gebundenheit bondage *(helplessness in face of negative thoughts, habits etc.)*
Geburt birth
Gedächtnis memory
gedeihen prosper, flourish *(v.)*
Gedenken remembrance
Gedränge crush
Geduld patience
geduldig patient
geeignet suitable, proper
Gefährte companion
Gefängnis prison

Gefäß pot
Gefahr danger
gefallen please, give pleasure to *(v.)*
 gefallen fallen, sinful
gefangen captive
 Gefangene/r prisoner
 Gefangenschaft captivity
Gefecht battle
Gefühl feeling, emotion
 gefühlsmäßig emotional
gegenwärtig present
 Gegenwart presence
 Gegenwart Gottes presence of God
 in die Gegenwart Gottes kommen come into God's presence *(in prayer, or after this life ends)*
Gegner/in opponent
gehässig spiteful
Geheimnis secret
 geheimnisvoll mysterious
gehören belong to *(v.)*
 das gehört sich nicht that is not proper
 ungehöriges Verhalten improper behaviour
gehorchen obey *(v.)*
 Gehorsam obedience
 gehorsam obendient
Geist spirit *(term for the spiritual part of the inner personality)*
 Heiliger Geist Holy Spirit *(divine person, the third person in the Trinity)*
 Geistesgabe spiritual gift *(supernatural ability given by the Holy Spirit)*
 geisteskrank mentally ill
 Geisteskrankheit mental illness
geistig mental
geistlich spiritual
 geistliche Kampfführung spiritual warfare *(usually refers to our struggle against supernatural forces that oppose God)*
 geistlicher Hunger spiritual hunger *(longing for an experience of God)*
 Geistlichkeit clergy *(general term for ordained ministers)*
gelähmt paralytic
Geld ist die Wurzel allen Übels money is the root of all evil
Gelegenheit opportunity
gelegentlich occasionally
Gelehrte/r scholar
gelingen: es gelang mir I was successful
Gelobtes Land promised land *(especially the land of Canaan for the Israelites under Moses)*
Gelübde vow
gemäßigt temperate
Gemeinde church, fellowship, congregation
 Gemeindeaufbau church growth
 Gemeindegründung church planting *(can refer to new local churches in an existing denomination or to independent new churches)*
 Gemeindestunde church meeting
 Gemeindevorstand church council, church board *(leadership committee in a local church)*
 Gemeindewachstum church growth
 Gemeindezucht church disci-

God helps those who help themselves
Hilfe help, aid
hilflos helpless
hilfreich helpful
Himmel heaven *(where God is and where Christians will be after death)*
gen Himmel fahren ascend *(particularly used of the ascension of Jesus)*
Himmelfahrt ascension; Ascension Day *(festival in the church year)*
Mariä Himmelfahrt Assumption *(festival in the Catholic church year)*
Himmelreich kingdom of heaven *(designates the future rule of God after this life)*
himmlisch heavenly
himmlischer Vater heavenly Father *(term used for God the Father)*
hinausgehen go out, go forth *(v.)*
hindern hinder *(v.)*
Hindernis obstacle
Hingabe commitment
hingeben surrender *(v.)*
hingebungsvoll devout, committed
hinrichten execute *(v.) (by hanging, crucifixion etc.)*
Hinterlist trickery
hinterlistig deceitful
hinzufügen add *(v.)*
hinzutreten approach, draw near to *(v.) (especially used for approaching God in prayer)*
Hirte shepherd
Hirtendienst shepherding *(responsibility for the care of other Christians)*
Hochamt high mass *(service in the Catholic church)*
Hochmut pride
Hochzeit wedding
Höhepunkt culmination, climax
Höhle cave
Hölle hell *(place of condemnation and eternal separation from God)*
hören hear *(v.) (often a symbol of obedience to God)*
Hoffnung hope
Hoffnungslosigkeit hopelessness
Hoher Priester high priest *(the highest priest in the Jewish religious hierarchy at the time of Jesus)*
hohl hollow
Hohn scorn
Holz wood
homosexuell homosexual
Honig honey
Honorar fee
Horn horn
Hügel hill
Huldigung obeisance, veneration
Hungersnot famine
hungrig hungry
Hure prostitute

I

Ichsucht selfishness
identisch identical
Identität identity
Ihr Lieben Dear friends *(sometimes*

used to start a sermon, particularly in free churches)
immer always
immerdar for ever and ever
in sich gehen examine oneself, meditate on one's shortcomings
Inhalt contents
innere Reinheit inward purity
innig(lich) with intensely personal devotion *(antiquated)*
investieren invest *(v.)*
Investition investment
inwendig inner, subjective *(antiquated)*
irdenes Gefäß earthen vessel *(metaphor for our imperfect nature as Christians)*
irdisch earthly
irregeleitet misled
in die Irre gehen go astray
Irrlehre wrong teaching, false teaching
irrtümlich wrong(ly)
Israelit/in; israelitisch Israelite

J

Jahr year
Jahresgemeindestunde AGM (annual general meeting)
Jahreszeit season
Jahrhundert century
jährlich annual
Jähzorn bad/hot temper
Jakobus James
Jammertal miserable earthly life *(antiquated, expressing the conviction that this life is a miserable prelude to the glorious life to come)*
jemals ever
Jesus Jesus
Joch yoke
nimm mein Joch auf dich take my yoke upon you
Jubeljahr year of Jubilee *(year in the Old Testament in which debts were cancelled)*
jubeln cheer, rejoice *(v.)*
Judas Ischariot Judas Iscariot
Jude/Jüdin Jew
Judentum Judaism
jüdisch Jewish
Jugendarbeit youth work
Jugendgruppe youth fellowship
Jugendpastor/in youth minister
Jugendweihe *(secular equivalent of confirmation, originated in former East Germany)*
jung young
Jünger/in disciple
die zwölf Jünger Jesu the twelve disciples of Jesus
Jüngerschaft discipleship
Jungfrau virgin
die Jungfrau Maria the Virgin Mary *(mother of Jesus)*
das Jüngste Gericht the last judgement *(final judgement of human beings after death/after the end of the world)*

K

Kamel camel
Kämmerlein »closet«, room *(private place for prayer) (antiquated)*

Kampf fight
kämpfen fight *(v.)*
Kanon canon *(definition of which books belong to the Bible)*
Kanzel pulpit
Kapelle chapel *(small church building, often free church)*
Kapitel chapter *(text section within a biblical book)*
Kaplan chaplain
Kassenbericht accounts, audit report
Kassierer/in treasurer
Katastrophe disaster
Kathedrale cathedral
Kehle throat
Kelch cup *(in the communion service)*
Kette chain
Ketzer/in heretic
Ketzerei heresy, false teaching *(teaching that differs from accepted teaching in major questions of the Christian message)*
Keyboard keyboard *(electronic musical instrument)*
Kind child
Kindermitarbeiter/in children's worker *(usually an unpaid leader of a children's group in the church)*
Kindertaufe child baptism
kindlich child-like *(usually a positive description of a simple, trusting faith in God)*
Kirche church *(can refer to the building, the formal organization or the members)*
kirchenfern unchurched
Kirchengeschichte church history
Kirchensteuer church tax *(collected by the secular tax authorities for the main churches in Germany)*
Kirchentag *(large, popular national conference held by the Catholic and Protestant churches in Germany)*
Kirchenvorstand church council
Klage complaint
Klang sound
klatschen clap *(v.)*
in die Hände klatschen clap hands
kleine Propheten minor prophets *(term used for the 12 shorter prophetic books at the end of the Old Testament and for the prophets they are named after)*
Kleinglauben small faith
Kloster monastery, convent
klug clever, prudent
Knechtschaft servitude *(antiquated)*
Knie knee
sich hinknieen kneel *(v.) (usually as an expression of prayer)*
knirschen (mit den Zähnen) gnash (one's teeth)
König king
Königin queen
königlich royal
Königreich kingdom *(sometimes used to designate the rule of God in this life or the life to come)*
Körper body
körperlich physical, bodily

Kollekte offering *(collection of money in a church service)*
Kommentar commentary *(book containing background information and explanations for books of the Bible)*
Konferenz conference
Konfession denomination *(especially used of the Catholic church and the established Protestant church)*
Konfirmation Confirmation *(service in which the candidates formally confirm their faith; mainly in the established Protestant churches when the candidates are 13 or 14 years old)*
Kongreß congress, convention
Konkordanz concordance *(reference work to help find where specific words occur in the Bible)*
Kopftuch headscarf
Kopie copy
Koran Koran *(the holy book of Islam)*
Korb basket
Korrektur correction
kostbar precious, valuable
kosten cost; taste *(v.)*
Kraft strength, power *(sometimes refers to the God-given ability to change our life-style, sometimes to supernatural, miractulous events)*
  kräftig strong
Krähe crow
krank ill
  Krankenhaus hospital
  Krankheit illness
Kreationismus creationism *(belief in the creation of the world in seven days, in opposition to the theory of evolution)*
Kreis circle
Kreuz cross *(symbol of the death of Jesus, the central historical fact in Christian belief)*
  zum Kreuz kommen come to the cross *(put faith in Jesus, the crucified Lord)*
  kreuzigen crucify *(v.)*
  Kreuzigung crucifixion *(method of execution in the Roman Empire)*
Krieg war
  Krieger warrior
Kritik criticism
  kritisieren criticise, criticize *(v.)*
Krone crown *(sometimes as a symbol for the majesty of Christ)*
krumm crooked *(geometrical shape or dishonest morality)*
kühn bold
  Kühnheit boldness
Kultur culture
Kummer distress
Kuppel dome
Kürze brevity
Küste am Meer seashore
Küster/in verger

L

Labsal balm *(antiquated)*
lachen laugh *(v.)*
lähmen paralyse *(v.)*
läutern refine *(v.) (used of the puri-*

fication of precious metals, and as a symbol of the development of the Christian character)
lahm lame, crippled
Laie lay person *(m./f.) (term used for all church members who are not ordained ministers)*
  Laienprediger/in lay preacher *(preacher who is not ordained as a minister)*
  Laienschaft laity
Lamm lamb *(often refers to animal sacrifice in the Old Testament and the sacrifice of Jesus in the New Testament)*
Lampe lamp
  Lampenständer lampstand
Landeskirche state church, established Protestant church
  Landeskirchliche Gemeinschaften *(conservative evangelical movement affiliated to the established Protestant churches in Germany)*
Last burden *(often refers to a deeply felt concern or the experience of suffering)*
Lautsprecher loudspeaker
  Lautsprecheranlage PA (public address) system
Lautstärke volume
Leben life
  lebendig alive
  lebendiges Wasser living water *(symbol of the inner life God gives to Christians)*
  lebensspendend life-giving
  lebhaft lively
Leckerbissen delicacy
Leder leather
  Ledergürtel leather belt
ledig single, unmarried
leer empty
  Leere emptiness
Lehm clay
Lehre doctrine
  lehren teach, instruct *(v.)*
  Lehrer/in teacher
  Lehrgang training course, seminar
Leib Christi body of Christ *(used of the local church, and also as a collective term for all Christians in the world)*
  »Dies ist mein Leib« »This is my body« *(words used by Jesus to explain the meaning of the bread at the Last Supper)*
leichtsinnig irresponsible, reckless
leiden suffer *(v.)*
  Leiden suffering
Leidenschaft passion
  leidenschaftlich passionate
Leier lyre *(musical instrument)*
leihen lend *(v.)*
Leinwand screen
leisten achieve *(v.)*
  Leistung achievement
leiten lead *(v.)*
  Leiter/in leader
  Leiterschaft leadership
Lektor/in lay reader *(especially in the established Protestant church)*
Lenden loins
lernen learn *(v.)*
lesbisch, Lesbierin lesbian
letzte Ölung extreme unction
leuchten shine, be radiant *(v.)*

Leuchter lampstand
leugnen deny *(v.)*
Leugnung denial
Leute people
Leviten Levites *(descendants of Levi, responsible for serving in the Jewish temple)*
Licht light *(often a symbol of God's blessing or his presence)*
Liebe love
der liebe Gott God *(seen as a harmless old man)*
Liebe Gemeinde Dear friends *(often used to start a sermon, especially in more traditional churches)*
Ihr Lieben Dear friends *(often used to start a sermon, especially in free churches*
Liebe macht blind love is blind
lieben love *(v.)*
liebevoll loving, affectionate
lieblich sweet
lieblos unloving
Lied song
Lippe lip
List scheme, trickery
Litanei litany *(series of responses within the liturgy)*
Liturgie liturgy *(fixed sequence of prayers, responses etc. in a church service)*
loben praise *(v.)*
Lobpreis praise *(expressions of honour to God, especially in songs and prayers)*
Lobpreis und Anbetung praise and worship
Lobpreismarsch praise march *(street procession with songs of praise etc.)*
löschen quench *(v.)*
Lösegeld ransom
Lösung solution
Löwe lion
Löwin lioness
Lohn wage
Los lot, providence
Losung Bible verse for the day/week etc.
loswerden get rid of *(v.)*
Lüge lie
lüstern lustful
Lutheraner/in; lutherisch Lutheran *(generally refers to the established Protestant church in Germany)*
Luthertum Lutheranism

M

Macht power, strength, might
machtvoll powerful
mächtig mighty
männlich male; masculine, manly
mäßigen moderate *(v.)*
mager lean
Magie magic
magisch magical
Majestät majesty
Makel blemish, flaw
Mangel lack
mangeln suffer lack *(v.)*
Manna manna *(food eaten by the Israelites on the journey from Egypt to the promised land)*
Mariä Himmelfahrt Assumption *(Catholic festival)*

Marsch für Jesus march for Jesus *(large procession with songs of praise, public proclamation meeting etc.)*
Maske mask *(sometimes refers to psychological self-protection mechanisms)*
maßgebend decisive, definitive
Matthäus Matthew
Mauer wall
Meditation meditation *(often a deliberate time of quiet reflection on spiritual issues)*
meditieren meditate, think deeply *(v.)*
meiden avoid *(v.)*
meinetwegen for my sake; it's all right by me
Meinung opinion
Meinungsverschiedenheit disagreement
Meister master
Menge crowd
Mensch human being
Menschenmenge crowd
Menschheit humanity, mankind
menschlich human
merken notice, perceive *(v.)*
Meßdiener/in altar boy/girl
Messe mass *(Catholic church service)*
messen measure *(v.)*
Methodistengemeinde Methodist church
Mietling hired servant *(antiquated)*
Mikrophon microphone
Milde leniency, mildness
Millenium millenium *(future period of a thousand years)*
Minderheit minority
Minderjährige/r minor
Mischpult sound desk
Mißbrauch abuse; misuse
mißbrauchen misuse *(v.)*
Mißerfolg failure
Mission evangelism; evangelistic campaign
Missionar/in missionary *(usually a person who tries to spread the gospel in a different country or a minority social or ethnic group)*
missionarisch evangelistic *(used to describe activities or people concerned with communicating the message of Jesus to others)*
missionieren evangelize *(v.)*
Missionsauftrag great commission *(commission given by Jesus to gain followers for him throughout the world)*
Missionsbefehl great commission
Missionsfeld mission field *(sometimes as a general term for all areas in which the gospel is not well known; sometimes refers to a specific geographical or sociological area)*
Missionsgesellschaft missionary society *(an organization that recruits missionaries and assigns them placements in the mission field)*
Missionswerk evangelistic organization, missionary society
mißtrauen mistrust *(v.)*
mißtrauisch mistrustful
Mitglied member
Mitleid sympathy, compassion, pity

Mittelmeer Mediterranean Sea
Mitwirkung cooperation, contribution
möglich possible
Möglichkeit possibility, opportunity
Mord murder
morgen tomorrow
Morgendämmerung dawn
Morgenröte dawn
Moschee mosque
Müdigkeit tiredness, weariness
mühelos effortless
Mund mouth
murren complain, protest
Muße leisure; idleness
Muster pattern
Mut courage
mutig courageous, bold
Mutter mother
Mutterleib womb
Muttertag Mothering Sunday *(GB) (USA:* Mothers' Day*)*
Mystik mysticism
Mystiker/in mystic

N

Nachbar/in neighbour *(GB)*, neighbor *(USA)*
nachdenken meditate, think deeply *(v.)*
nachdenklich thoughtful
nachdrücklich betonen emphasize
Nachfolge discipleship
nachfolgen follow *(v.)*
Nachfolger/in successor
nachgeben give in, give way *(v.)*
nachjagen pursue *(v.)*
Nachkomme descendant
Nacht night *(sometimes as a symbol of a situation in which God's light is not seen)*
Nagel nail
nahe close *(adj.)*
Naherwartung *(the expectation of some New Testament writers that Jesus would return to the earth in their lifetime)*
sich nähern approach, draw near to *(v.)*
Nahrung food
geistliche Nahrung spiritual food
nahtlos seamless
Narr/Närrin fool *(sometimes used in the Bible to refer to someone who does not take God seriously)*
Natter viper
natürlich natural *(sometimes used in opposition to »spiritual«)*
Nazarener Nazarene
Neid envy
neidisch envious
Neubekehrte/r new convert
neue Schöpfung new creation *(description of the renewed character of a person who has begun to follow Christ)*
Neues Testament New Testament *(the section of the Bible written after Christ)*
neutrale/r Beobachter/in outside observer
Nichtigkeit vanity, meaninglessness
nichts nothing
niedergeschlagen depressed
Niederlage defeat
Nihilismus nihilism *(belief that life*

is futile and religious beliefs are meaningless)

Not need, distress

Not macht erfinderisch necessity is the mother of invention

notwendig necessary

Nutzen benefit, usefulness

nützlich useful

nutzlos useless

O

obdachlos homeless

oben at the top

Oberfläche surface

Oberhaupt highest leader

Staatsoberhaupt head of state

Obrigkeit political authorities

Ochse ox

Odem breath *(antiquated)*

offenbaren reveal *(v.)*

Offenbarung revelation *(an insight given by God)*

offensichtlich obvious

öffentlich public

offiziell official

ohne Scham unashamed

Ohr ear

okkult occult *(involvement with magical, supernatural powers and heathen ritual)*

Ökumene ecumenism *(a movement that aims to stimulate cooperation between churches irrespective of differences in theology)*

Ölberg Mount of Olives

Olive olive

Ölung unction

letzte Ölung extreme unction *(Catholic ceremony performed on people facing imminent death)*

Opfer sacrifice

Opfergesetze sacrificial laws

opfern sacrifice *(v.)*

Ordensschwester sister *(in holy orders, e.g. as a nun)*

ordiniert ordained

Ordnung order, ordinance; structure

Organisator/in organizer, administrator

Organist/in organist

Orgel organ *(keyboard instrument in churches)*

Ortsgemeinde local church

ost; Osten east

Ostern Easter *(celebration of the resurrection of Jesus)*

Overhead-Folie acetate sheet

P

Pächter/in tenant

Panzer breastplate *(part of Roman military armour; part of the »armour of God« for Christians)*; tank *(in modern armies)*

Papst Pope

Paradies paradise *(sometimes used of the Garden of Eden described in the book of Genesis, sometimes used of our life with God after death)*

Partner/in partner

Partnerschaft partnership

Passafest Passover *(feast in the Jewish year in memory of the mass escape from Egypt)*

passend fitting, suitable
Pastor/in pastor, minister
Pate/Patin godfather/godmother *(adult witness at infant baptism who accepts part of the responsibility for the Christian upbringing of the child)*
Patriarch patriarch *(a leader who is traditionally respected, such as Abrahem or the apostles)*
 Patriarch Patriarch *(a chief bishop in the Eastern Orthodox churches)*
Paulus Paul
Pazifist/in pacifist
Perle pearl
 kostbare Perle pearl of great price *(symbol of the great value of faith in a parable told by Jesus)*
persönlich personal
pervers perverse
Petrus Peter
Pfad path
 der enge Pfad the narrow path *(symbol of a life-style as a follower of Christ)*
 Pfadfinder/in scout
Pfarrbezirk parish *(territory assigned to a local church within the established church denomination/s)*
 Pfarrbüro parish office
 Pfarrer/in vicar, pastor, minister
 Pfarrgemeinde local church *(especially in the Lutheran church)*
Pfeil arrow
Pferd horse
Pfingsten Pentecost, Whitsun *(day in the Jewish calendar seven weeks after the Passover; day in the church year to mark the occasoion when the Holy Spirit came on the early Christians)*
 Pfingstgemeinde Pentecostal church
 Pfingstler/in Pentecostal *(Christian churches that emphasize and practice the gifts of the Spirit described in the New Testament)*
 pfingstlich Pentecostal
Pflanze plant
 pflanzen plant *(v.)*
Pflicht duty
 pflichtbewußt dutiful, conscientious
Pforte: die enge Pforte narrow door
Pharisäer Pharisee *(a group of leading Jews in New Testament times who emphasized strict adherence to the Old Testament laws)*
Philippus Philip
Philister/in Philistine *(ethnic group in the land of Canaan in Old Testament times)*
Pietismus Pietism *(conservative evangelical movement, largely within the established Protestant church)*
Pilger/in pilgrim
 Pilgermission St. Chrischona *(evangelical mission and church movement with its headquarters in Switzerland)*
Plage plague
plötzlich sudden

plündern plunder *(v.)*
Posaune trumpet
Pracht splendour *(GB)*, splendor *(USA)*
  prächtig magnificent
prahlen boast *(v.)*
predigen preach *(v.) (usually in the form of a public lecture in a church service)*
  Prediger/in preacher
  Predigt sermon
preisgeben give up, relinquish *(v.)*
Priester priest *(religious minister in the Old Testament and the Catholic church)*
  Priestertum priesthood
  allgemeines Priestertum priesthood of all believers *(the doctrine that all Christians have direct access to God and do not need a priest as a go-between)*
Prinzip principle
Priorität priority
  höchste Priorität top priority
Problem problem
Prophet/in prophet *(person who frequently makes prophetic statements)*
  prophetisch prophetic
  prophetisches Wort word of prophecy, prophetic statement
  prophezeien prophesy
  Prophezeihung prophecy *(God-given insight relating to a present or future situation)*
Prostituierte prostitute
Protokoll minutes
provozieren provoke *(v.)*
Prozeß trial; process
prüfen examine *(v.)*
Psalm psalm
  Psalmist psalmist *(author of the Psalms in the Bible)*
Purim Purim *(Old Testament festival)*

Q

Qualen torment
Quelle spring; source

R

Rabe raven
Rache revenge
  rächen avenge *(v.)*
  rachsüchtig vengeful
raffiniert clever, crafty, sophisticated
Rasse race
  Rassentrennung racial segregation
Rat advice
  raten guess *(v.)*
  Ratgeber/in adviser
  ratsam advisable
  Ratsversammlung council
rauben rob, steal *(v.)*
Rauch smoke
Rebe vine, grapevine
Rebell/in rebel
  Rebellion rebellion
Rechenschaft geben (für) give account (of)
Rechnung invoice
rechtfertigen justify *(v.)*
  Rechtfertigung (durch den Glauben) justification (by faith)

(refers to the fact that Christians are deemed by God to be righteous because they receive his forgiveness)
rechtgläubig sound
rechtmäßig lawful
Rechtschaffenheit integrity, righteousness, honesty
Rede talk, address
Redner/in speaker
Rednerpult lectern
Referent/in speaker
Refrain chorus
Regel rule, precept
Regen rain
der Spätregen the latter rain *(symbol of God's blessing)*
Regenbogen rainbow
regieren rule, govern *(v.)*
Regierung government
Register index
Reich empire
das Römische Reich the Roman Empire
Reich Gottes kingdom of God *(designates the rule of God in this life or the life to come)*
Reichtum treasure, riches
reich rich
reichlich abundant
reif mature
Reife maturity
Reigen round dance
rein pure
ein reines Herz a pure heart
Reinheit purity
Reinigung purification *(especially morally/spiritually)*
Reinkarnation reincarnation *(the belief in some oriental religions that we go through several life cycles on earth as different life forms)*
Reise journey
reisen travel *(v.)*
Religion religion
Religionsunterricht religious instruction *(largely in schools, but taught by representatives of the major denominations)*
Respekt respect
retten save *(v.)*
Retter Saviour *(GB)*, Savior *(USA) (title used for Jesus Christ)*
Reue regret, repentance
Richter/in judge
Richterstuhl judgement seat
Risiko risk, gamble
riskant risky, uncertain
Rivalität rivalry
Römer/in, römisch Roman
Rotes Meer Red Sea
rückfällig werden backslide *(used of people who fall away from the faith or cease to practice it)*
Rückkehr return
Rücksicht nehmen auf show consideration for, take account of
Rückzug retreat
Ruf call; shout
rügen rebuke *(v.)*
Ruhen im Geist rest in the Spirit *(temporary faint-like state in which the person often has deep spiritual experiences; occurs mainly in charismatic groups)*
ruhig quiet
Ruhm fame

Ruine ruin
Rüstung armour (USA: armor)
Rute rod

S

Saat seed *(especially: words that stimulate non-believers to think more about the faith)*
Sabbat Sabbath *(the Jewish day of rest, lasting from Friday evening to Saturday evening)*
Sabbatzeit sabbatical *(period of study and meditation, especially for ministers, usually lasting several months)*
Sack und Asche sackcloth and ashes *(symbol of sadness or repentance)*
Saduzäer Sadducess *(group of leaders in Israel in New Testament times)*
säkular secular
Sämann sower
Säuglingstaufe infant baptism *(the rite of baptism with water applied to very young children, which is the usual practice in many churches)*
Säule pillar, column
Saite string *(of a guitar etc.)*
Sakrament sacrament *(church ceremony with special spiritual significance; Protestants regard baptism and communion as ssacraments; the Catholic church has five additional sacraments)*
salben anoint *(v.)*
Salböl anointing oil
Salbung anointing
Salz salt *(often a symbol for the beneficial influence of Christians on society)*
Same seed
Samenkorn seed, grain
sammeln collect, gather *(v.)*
Sammlung collection; composure
Sandale sandal
sanft gentle
sanftmütig gentle in spirit, meek
Satan Satan *(term for the devil, the chief spiritual power opposed to God)*
satanisch satanic
Satanismus satanism *(occult practice of Satan worship)*
Satzung statute
Sauerteig leaven *(to make bread rise)*
Saulus Saul
Schaden harm
Schaden nehmen come to harm
schädlich harmful
Schaf sheep
Schafe stehlen sheep stealing *(attempting to take members from another church)*
schaffen create *(v.)*
Schale bowl
Schalksknecht treacherous servant *(antiquated)*
Scham shyness, shame
ohne Scham unashamed
schamlos shameless
Schande shame, disgrace
schänden desecrate
scharf sharp

scharlachrot scarlet
Schatten shadow
Schatz treasure
Schatzmeister/in treasurer
Scheidung divorce
scheinen shine; seem *(v.)*
Schema scheme; outline
Schemel footstool
schenken give *(v.)*
schicken send *(v.)*
Schicksal destiny
schikanieren victimize, pick on *(v.)*
Schild des Glaubens shield of faith
Schilderung account
Schlacht battle
schlachten slaughter
Schlachtfeld battlefield
schlafen sleep *(v.)*
schlagen hit *(v.)*
Schlagzeug drums
Schlange snake
schlau cunning
Schleier veil
schleudern hurl, throw *(v.)*
schlicht simple
schließen close
schlimm bad, terrible
Schlinge snare
schlucken swallow *(v.)*
schlummern slumber *(v.)*
Schlund throat
Schluß conclusion
Schlüssel key
schmal narrow
schmaler Weg narrow way
schmecken taste *(v.)*
Schmeichelei flattery
schmeichelhaft flattering
schmeicheln flatter *(v.)*
Schmerz pain
schmerzlich painful
eine schmerzliche Erfahrung a painful experience
Schmuckgegenstand ornament
schneeweiß white as snow *(symbol of our purity when God has forgiven our sins)*
Schnur cord, rope
Schöpfer creator
Schöpfung creation
Schreck fright
schrecklich terrible
Schrei cry
schreien shout; scream *(v.)*
Schriftgelehrter scribe *(group of leaders in Israel in New Testament times)*
Schriftlesung reading *(passage from the Bible read aloud during a church service)*
Schriftrolle scroll *(type of book common in biblical times)*
Schritt step
Glaubensschritt (bold) step of faith
Schuld guilt *(sometimes used in relation to specific sins, sometimes in relation to our overall guilt before God)*
ich bin schuld it's my fault
schuldig guilty
Schuldner/in debtor
Schuldopfer guilt offering *(form of sacrifice in the Old Testament)*
schulen train, teach *(v.)*
Schüler/in pupil

Schulter shoulder
Schüssel bowl
schütteln shake *(v.)*
Schutz protection
schützen protect, shelter *(v.)*
schutzlos defenceless
Schutzschild shield
schwach weak
Schwäche weakness
Schwager brother in law
Schwägerin sister in law
schwanger pregnant
Schwangerschaft pregnancy
Schwärmer religious enthusiast, fanatic
Schwärmerei superficial enthusiasm, fanaticism
schwärmerisch fanatic, overenthusiastic
schweben hover *(v.)*
Schweigen silence
schwere Arbeit toil, hard work
Schwerpunkt emphasis, focus
Schwert sword *(often as a symbol of the Bible)*
Schwester sister *(sometimes used as a form of address for female church members, sometimes for nurses, nuns etc.)*
Schwiegermutter mother in law
Schwiegervater father in law
schwierig difficult
Schwierigkeiten trouble, difficulties
schwören vow, swear *(v.)*
See *(m.)* lake
See *(f.)* sea
Seele soul *(mainly used of the inner personality; sometimes used in the plural in the meaning of »people«)*
Seelsorge counselling *(GB)*, counseling *(USA)*
seelsorgerlich pastoral, therapeutic
Segel sail
segeln sail *(v.)*
Segen blessing *(sometimes used of intangible, spiritual benefits; sometimes of tangible benefits, e.g. material wealth)*
segnen bless *(v.)*
sehnen: sich sehnen yearn, long *(v.)*
Sehnsucht longing, yearning
Sehvermögen sight
Sekte sect *(religious group that claims its beliefs to be exclusively true, and all others to be wrong)*
selbst self
Selbständige Evangelisch-Lutherische Kirche (SELK) *(independent conservative Lutheran church in Gemany)*
Selbstbeherschung self control
Selbsterniedrigung self abasement
Selbstmord suicide
Selbstmord begehen commit suicide
Selbstschutz self protection
Selbstsucht selfishness
selbstsüchtig selfish
Seligpreisung beatitude *(part of the sermon on the mount)*
seltsam strange
Seminar seminar; Bible college
senden send *(v.)*

sensationell sensational
sexuell sexual
  Sexualität sexuality
sich entgegenstellen oppose
sicher safe; sure, convinced, confident
  Sicherheit safety; security; confidence
sichtbar visible
Sieg victory
Siegel seal
Siegeszug victory procession
  siegreich victorious
Silber silver
Simon Simon
Simson Samson
Sinn sense
  einen Sinn ergeben, Sinn machen make sense
Sinneswandel change of heart
sinnlich sensual, sense-oriented
  Sinnlichkeit sensuality
sinnlos senseless, meaningless
Sintflut flood *(in the Old Testament, in the account that involves Noah)*
Sittenlosigkeit debauchery
  sittlich verdorben depraved
Sitz seat
Sketch sketch, short play
Sklave/Sklavin slave
  Sklaverei slavery
SMD (Studentenmission/Schülermission in Deutschland) Christian Union *(Christian group in a school, university or college)*
Sohn son
  Sohn Gottes Son of God *(= Jesus)*
Soldat soldier
Sonne sun
  Sonnenaufgang sunrise
  Sonnenuntergang sunset
Sonntagsschule Sunday school *(for children)*
Sorge worry
  sich sorgen worry *(v.)*
sorgfältig careful(ly), painstaking(ly)
Spaltung division, divisiveness
Spatz sparrow
Speer spear
speichern store up *(v.)*
Speise food
  Speisopfer grain offering *(form of sacrifice in the Old Testament)*
  Speisung der Fünftausend feeding of the five thousand *(miracle of Jesus)*
Spende donation
Sperre barrier
Splittergruppe faction, splinter group
spotten mock *(v.)*
Sprache language
  Sprachengebet speaking/praying in tongues *(supernatural ability to pray in unknown languages, as reported in the early church in the book of Acts)*
Spreu chaff
  die Spreu vom Weizen trennen separate the chaff from the wheat
Springbrunnen fountain
Sprung leap
  Sprung ins Ungewisse leap in the dark
Staatsangehörigkeit nationality

Stab rod
städtisch urban
Stamm tribe
die zwölf Stämme Israels the twelve tribes of Israel
Stammbaum genealogical tree
Stammbaumforschung genealogy
standhaft steadfast
stark strong
Stärke strength
stärken strengthen *(v.)*
starren gaze, stare
Stasi (Staatssicherheit) *(secret intelligence service of former East Germany)*
Stationsgemeinde daughter church *(used of a branch church supported by a larger local church)*
statt dessen instead
Staub dust
den Staub von den Füßen schütteln shake the dust from the feet *(as a symbol of God's displeasure)*
stehlen steal *(v.)*
steinigen stone *(v.) (form of capital punishment in ancient Israel)*
Stellenwert importance, significance
Stellvertreter representative, substitute
sterben die *(v.)*
sterblich mortal
Stern star
Steuer tax
Steuereinnehmer tax collector
Stiftshütte tabernacle *(mobile, tent-like structure used for worship and sacrifice in the Old Testament)*
Stiftung foundation
still quiet
Stille silence, quietness
Stille Zeit quiet time *(private time of prayer and Bible reading)*
Stimme voice
stolpern stumble *(v.)*
stolz proud
Stolz pride
Strafe punishment
strahlend radiant
Strategie strategy
streben (nach) strive (for) *(v.)*
streichen cancel *(v.)*
Streit quarrel, argument
sich streiten quarrel *(v.)*
Streitigkeit dispute, argument
strittig disputable
Strom stream
Strophe verse *(in a hymn or song)*
Studentenpfarrer/in university chaplain
stumm dumb
stur stubborn, obstinate
Sturm storm
stützen support *(v.)*
suchen seek, search *(v.)*
Sucht addiction
Sühne atonement *(Old Testament: by animal sacrifices; New Testament: by the sacrifice of Jesus on the cross)*
sühnen atone (for) *(v.)*
Sünde sin *(any action, thought etc. that does not conform to God's standards)*
Sünden bekennen confess sins

Sündenbock scapegoat
Sündenfall fall *(first sin committed by Eve and Adam)*
Sündhaftigkeit sinfulness
sündig sinful
sündigen sin *(v.)*
Sündopfer sin offering *(ritual sacrifice in the Old Testament)*
Synagoge synagogue *(Jewish consecrated building)*
synoptische Evangelien synoptic gospels *(gospels of Matthew, Mark and Luke)*

T

Tabernakel tabernacle *(mobile, tent-like structure used for worship and sacrifice in the Old Testament)*
Tadel rebuke
tadellos perfect, faultless, blameless
Tag day
Tagelöhner hired servant *(on a daily basis, normally for agricultural work) (antiquated)*
Tageslicht daylight
Tageslichtprojektor OHP (overhead projector)
Taille waist
Tal valley
Tamburin tambourine
Tante Auntie *(old-fashioned title for (female) Sunday school teachers)*
Taste key *(on the keyboard of a musical instrument, computer or typrwriter)*
Tat deed
Tatsache fact
taub deaf
Taube dove *(sometimes used as a symbol of the Holy Spirit)*
Taufe baptism
Taufbecken baptistry; font
Täufer baptist
Johannes der Täufer John the Baptist
Taufkapelle baptism chapel; baptistry
Taufvorbereitung baptism preparation, baptismal classes
tauschen exchange *(v.)*
täuschen delude *(v.)*
Täuschung deception, delusion
teilen share, divide *(v.)*
teilnehmen participate *(v.)*
Teilung division
Zellteilung cell division *(division of groups as a method of church growth)*
teilweise partial(ly)
Tempel temple
Tempelweihe dedication
Termin appointment
territoriale Geister territorial spirits *(the doctrine that specific spiritual powers or demons exercise power over specific geographical areas)*
Territorium territory
terrorisieren terrorize *(v.)*
Terrorismus terrorism
Teufel devil *(highest spiritual power opposed to God, Satan)*
teuflisch satanic
Thaddäus Thaddeus

Thema theme, subject, topic
therapeutisch therapeutic
  Therapie therapy
Thomas Thomas
Thron throne
  Jesus auf den Thron setzen enthrone Jesus *(usually in prayer as a symbol of recognition that Jesus is Lord)*
tief deep
  Tiefe depth
  tiefsinnig profound
Tier animal, beast
Tisch table
  der Tisch des Herrn the Lord's table *(in the communion service)*
  Tischgebet grace
  das Tischgebet sprechen say grace
Tochter daughter
Tod death
  tödlich deathly, fatal
Ton sound; clay
Topf pot
  Töpfer potter
Tor *(n.)* gate, gateway
  Tor *(m.)* fool
  Torheit foolishness
  töricht foolish
töten kill *(v.)*
Tradition tradition
  traditionell traditional, conservative
träge lethargic, lazy
Tränen tears
tragen (Kleidung) wear
Tragweite significance
Traktat tract *(brochure giving basic information about the faith)*
Trankopfer drink offering *(form of sacrifice in the Old Testament)*
Traube grape
Trauer mourning
  Trauerfeier funeral
  trauern um mourn, lament over
Traum dream
  träumen dream *(v.)*
traurig sad
  Traurigkeit sorrow, sadness
Trauung wedding
treffen meet *(v.)*
trennen separate *(v.)*
  Trennung separation
treten (auf) tread (on) *(v.)*
treu faithful
trocken dry
Trompete trumpet
Trost comfort, relief
  Trost in Zeiten der Not comfort in times of trouble
trotzen disobey *(v.)*
  Trotzkopf rebell
trügerisch treacherous
Tugend virtue
Turm tower
Typologie typology *(interpretation of Old Testeament characters as a symbol of Jesus Christ)*
  Typus type

U

Übel: das kleinere Übel the lesser of two evils
  Übeltäter/in evildoer
üben exercise *(v.)*
Überblick outline, survey

Überbringer bringer
Übereinstimmung agreement
überfließen overflow *(v.) (often as a symbol of the fulfilled life of a Christian, which has an effect on other people)*
Überfluß abundance
Überfluß haben abound
überführen convict *(v.)*
überführt werden be convicted *(realize that one's thinking or behaviour is wrong)*
Übergabe surrender
übergeben hand over, surrender *(v.)*
sich übergeben vomit *(v.)*
überglücklich overjoyed
Überleben survival
überleben survive *(v.)*
Überlegenheit superiority
übernatürlich supernatural
Überraschung surprise
überreden persuade *(v.)*
Überrest remnant, remainder
Übersetzung translation
Übersicht survey, summary
übersichtlich clearly structured
übersteigen surpass *(v.)*
übertragen paraphrase; assign *(v.)*
Verantwortung übertragen give responsibility
übertreten transgress *(v.)*
Übertretung transgession, sin
überwältigen overwhelm *(v.)*
überwinden overcome *(v.)*
überzeugen convince *(v.)*
Überzeugung conviction
Übung exercise
um ... willen for ...'s sake
umfassend extensive
umgeben surround *(v.)*
umgürtet girded
Umhang cloak
umkehren repent *(v.) (literally:* turn around, *especially as part of a conversion experience)*
umkommen die, perish *(v.)*
Umsicht prudence
umsichtig prudent
umsonst free of charge; in vain
umwandeln transform *(v.)*
Umweg detour
Umwelt environment
Umweltverschmutzung environmental pollution
Umzug procession
unabhängig independent
Unabhängigkeit independence
unbarmherzig ruthless
unbefugt betreten trespass
unbekümmert unworried
unbeschnitten uncircumcised *(used in the Old Testament for non-Jewish people)*
unbewußt unconscious
unbrauchbar useless
unehrlich dishonest
uneingeschränkt unlimited
Uneinigkeit disunity, disagreement
unendlich infinite
unerschütterlich steadfast
unfähig unable
unfehlbar inerrant
unfruchtbar barren, fruitless
Ungehorsam disobedience
ungerecht unrighteous

ungesäuertes Brot unleavened bread *(bread baked without yeast so that it does not rise)*
ungesetzlich lawless; illegal
ungeteilt undivided
Unglaube unbelief
Ungläubige/r unbeliever
Ungnade disgrace
in Ungnade fallen fall into disgrace
Unheil catastrophe, disaster
Universum universe
unmittelbar direct(ly)
unmöglich impossible
unmoralisch immoral
Unrecht injustice
unrein unclean *(used in connection with Old Testament ritual cleanliness)*
Unreinheit impurity
Unruhe turmoil; restlessness
Unschuld innocence
unsichtbar invisible
Unsittlichkeit immorality
unsterblich immortal
Unsterblichkeit immortality
Unstimmigkeit disagreement; inconsistency
Unterdrückung oppression
Untergang ruin
unterhalten entertain *(v.)*
sich unterhalten hold a conversation *(v.)*
unterlassen omit *(to do something) (v.)*
unterordnen submit *(v.)*
sich unterordnen unter be subject to *(v.)*
Unterordnung submission
unterrichten teach, instruct *(v.)*
unterscheiden distinguish *(v.)*
Unterscheidung (der Geister) discernment (of spirits)
Gabe der Unterscheidung gift of discernment *(ability to recognize the spiritual causes of behaviour or utterances)*
Unterschied difference
Unterstützung support
untersuchen analyse, investigate *(v.)*
Untersuchung analysis, investigation
Untertauchen immersion *(especially as a method of baptism)*
unterweisen teach, instruct *(v.)*
Unterweisung instruction
Unterwerfung subjection
untreu unfaithful
unveränderlich unchanging
unverbindlich non-committal
unverheiratet single, unmarried
Unwissenheit ignorance
unwürdig unworthy
Urgemeinde early church *(Christian church in the early days of Christianity, as reported in the »Acts of the Apostles)*
Urheberschaft authorship
Urkunde certificate, (original) document
Ursache cause
Ursprung origin
ursprünglich original
Urteil judgement
urteilen judge *(v.)*

V

Vater father
Gott Vater God the Father
vaterlos fatherless
verabscheuen detest *(v.)*
Verachtung contempt, scorn
veräterisch treacherous
Veranstaltung gathering, meeting
verantwortlich responsible
Verantwortung responsibility
verbannen banish *(v.)*
Verbannung banishment
verbergen hide *(v.)*
verbessern correct *(v.)*
Verbeugung bow *(as a mark of respect)*
verbieten forbid *(v.)*
verbinden join *(v.)*
verblassen pale *(v.) (into insignificance)*
verblüffen amaze *(v.)*
Verbot prohibition
verbrauchen consume, use up *(v.)*
verdammen condemn *(v.)*
Verdammnis condemnation
verderben spoil *(v.)*
verdienen deserve *(v.)*
verdorren wither *(v.)*
verdrehen pervert *(v.)*
Verdrehung der Wahrheit perversion of the truth
verehren revere *(v.)*
Verehrung reverence
Vereinigung union, association *(used in the title of the central organization of several free churches)*
Vereinigung Freier Missionsgemeinden (VFMG) *(evangelical church movement in Switzerland)*
vereint united
verfälschen adulterate *(v.)*
Verfall decay
verfolgen persecute *(v.)*
Verfolgung persecution
verführen lead astray *(v.)*
Vergangenheit past
vergeben forgive *(v.)*
vergeblich in vain
Vergebung forgiveness *(the heart of the Christian message is that God offers us forgiveness for all we have done wrong)*
Vergehen misdemeanor, crime
Vergeltung retribution
vergessen forget *(v.)*
vergießen: Blut vergießen shed blood
vergiften poison *(v.)*
vergleichbar comparable
vergleichen compare *(v.)*
Vergnügen pleasure
vergrößern increase; magnify *(v.)*
Verhängnis doom, downfall
verhaften arrest *(v.)*
Verhaftung arrest
verheiratet married
Verheißung promise
verherrlichen glorify *(v.) (mainly used for praise and worship offered to God)*
Verherrlichung glorification
verhungern starve *(v.)*
verkaufen sell *(v.)*
verkehrt wrong; perverse

Verklärung transfiguration *(especially the occasion when the disciples saw Jesus with a particularly radiant appearance)*
verkünden proclaim *(v.)*
 Verkündigung proclamation
verlangen demand *(v.)*
verlassen leave, abandon *(v.)*
Verlautbarung statement
verleiten tempt, lead astray *(v.)*
Verletzung injury
verleugnen deny *(v.)*
verleumden slander *(v.)*
verlieren lose *(v.)*
verlobt engaged
 sich verloben get engaged *(v.)*
verloren lost *(often used to describe people who don't know God)*
vermeiden avoid *(v.)*
Vermögen ability; riches
vermuten guess, assume *(v.)*
 Vermutung guess, assumption
vernachlässigen neglect *(v.)*
 Vernachlässigung neglect
vernichten destroy *(v.)*
 Vernichtung destruction
Veröffentlichung publication
Verpflichtung obligation
Verrat betrayal
 verraten betray *(v.)*
 Verräter/in traitor
Vers verse *(especially the numbered sections within the chapters of the Bible)*
versäumen, ... zu tun omit to do ... *(v.)*
versagen fail *(v.)*
versammeln assemble *(v.)*
 Versammlung assembly *(can be used to signify a church service or a local church)*
verschieden different
verschleiern hide *(v.)*
verschlingen devour *(v.)*
Verschmutzung pollution
 Umweltverschmutzung environmental pollution
verschwinden disappear *(v.)*
Verschwörung plot *(against somebody)*
versichern assure; insure *(v.)*
versöhnen reconcile *(v.)*
 Versöhnung reconciliation
 Versöhnungstag day of atonement *(Yom Kippur, Jewish festival)*
versorgen provide for *(v.)*
Verspätung delay
verspotten mock *(v.)*
versprechen promise *(v.)*
Verständnis understanding
 Verstand mind, understanding *(cognitive ability)*
verstecken hide *(v.)*
verstehen understand *(v.)*
verstoßen (gegen das Gesetz) violate (the law)
verstreichen pass, elapse *(v.) (time)*
Versuch attempt
 versuchen tempt; try *(v.)*
 Versuchung temptation
verteidigen defend *(v.)*
verteilen distribute *(v.)*
Vertrauen trust
 vertrauen trust *(v.)*
 vertrauensvoll trusting
 vertrauenswürdig trustworthy
verurteilen condemn, sentence *(v.)*

(in a court of law)
Verurteilung condemnation
verwalten administer *(v.)*
Verwalterschaft stewardship
Verwaltung administration
verwandeln transform *(v.)*
Verwandte/r relative
Verwandtschaft kinship
verwelken wilt *(v.)*
verwesen decay *(v.)*
verwickeln involve *(v.)*
verwirren confuse *(v.)*
verwitwet widowed
verwundbar vulnerable
Verwunderung amazement
verwüsten lay waste to, desolate *(v.)*
verzagen lose heart *(v.)*
verzehren consume *(v.)*
Verzeichnis list, index
verzeihen pardon, forgive *(v.)*
Verzeihung pardon, forgiveness
Verzierung ornamentation, decoration
Verzögerung delay
verzweifeln despair *(v.)*
Verzweiflung despair
Vielfraß glutton
Vikar/in curate *(trainee minister, especially in the Lutheran church)*
Vineyard-Bewegung Vineyard movement
Viper viper
Vision vision *(God-given insight, usually in the form of a picture)*
Völlerei gluttony
Volksmenge multitude, large crowd
Volksmission entschiedenes Christentum (EC) *(conservative evangelical movement affiliated to the established churches in Germany)*
Volkstrauertag Remembrance Day
vollbringen accomplish, complete *(v.)*
vollenden complete *(v.)*
Vollendung completion
Vollkommenheit perfection
Vollmacht authority *(demonstrated in the way a person lives and acts)*
vollständig complete(ly)
vollziehen perform *(v.)*
vorangehen advance, go forward *(v.)*
Voraussage prediction
vorbereiten prepare *(v.)*
Vorbereitung preparation
Vorbild example
Vorbote forerunner
Vorfahren forefathers
vorhanden present, available
Vorhang curtain
Vorhaut foreskin *(is cut off in circumcision)*
vorherbestimmt predestined
vorherrschend prevailing
vorhersagen predict *(v.)*
Vorhof court(yard) *(e.g. in the Jewish tabernacle)*
Vorliebe preference
Vorrat store
vorrücken advance, go forward *(v.)*
Vorschlag suggestion

vorschlagen suggest *(v.)*
Vorsehung providence; predestination
Vorteil advantage
Vorwort preface
Vorwurf accusation, reproach

W

Waagschale scale
Wache guard *(section of the Roman army which had the task of guarding persons or buildings)*
wachen und beten watch and pray
wachsam alert
wachsen grow *(v.)*
Wachstum growth
Gemeindewachstum church growth *(growth in the quality of church life or in the number of church members)*
Wachtel quail
Wächter watchman *(especially to guard a town in biblical times)*
Waffe weapon
wagen dare *(v.)*
Wahl choice, election
wählen elect, vote, choose *(v.)*
Wahnsinn madness, insanity
wahr true
wahrhaftig truthful, honest
Wahrheit truth
wahrheitsgemäß truthful, true
wahrnehmen perceive *(v.)*
wahrscheinlich probably
Waisenkind orphan
Wal whale *(the large fish in the book of Jona is sometimes called a whale)*
Wald wood
Wandel mit Gott walk with God *(life style of following God)*
Wange cheek
die andere Wange hinhalten turn the other cheek
warnen warn
Warnung warning
warten wait *(v.)*
Wasser water
lebendiges Wasser living water *(symbol of spiritual life given by God)*
Wassertaufe water baptism
Weg way
Wegweisung guidance, advice
wegwischen (Tränen) wipe away *(v.)* (tears)
Wehe! Woe!
Wehen labour *(GB)*, labor *(USA)* *(in childbirth)*
Wehklage lament *(antiquated)*
weiblich female
Weide pasture
weigern: sich weigern refuse *(v.)*
Weigerung refusal
Weihe consecration
weihen consecrate *(v.)*
Weihnachten Christmas *(celebration of the birth of Jesus)*
Weihrauch incense
Weihrauchfaß censer
Wein wine
Weinberg vineyard
weinen cry, weep *(v.)*
Weinstock vine
weise wise
Weisheit wisdom
weissagen prophesy *(v.)*

Weissagung prophecy *(God-given insight relating to a present or future situation)*
weit offen wide open
Weizen wheat
Weizenernte wheat harvest
welken wither, droop *(v.)*
Welle wave
Welt world
weltlich worldly, secular, profane *(especially: strongly influenced by non-Christian factors, inconsistent in the life of faith)*
weltliche Obrigkeit civil authorities
Weltlichkeit worldliness
Wende turnabout *(mainly used of the peaceful revolution in former East Germany around 1989)*
Wendehals opportunist *(mainly used of former communists who had a sudden change of opinion after the collapse of East Germany)*
wenige few
wenn nicht unless
Werke works *(deeds we do for God; according to the New Testament, they are the result of our salvation, not a precondition)*
Werke des Gesetzes works of the law
Werke des Glaubens works of faith
Wert value
(moralische) Werte (moral) values
wertlos worthless
wertvoll precious, valuable
Wettbewerb contest
wichtig important
Wichtigkeit importance, significance
Widder ram
widerfahren happen (to) *(v.)*
widerhallen resound *(v.)*
widerlegbar refutable
widerlegen refute *(v.)*
Widerstand resistance
widerstehen resist *(v.) (e.g. temptation)*
widmen dedicate *(v.)*
wiederbeleben revive *(v.)*
wiedergeboren born again *(used of people who have had a conversion experience)*
Wiedergeburt new birth *(refers to the new life we receive when we accept Jesus as our Lord and Saviour)*
wiedergutmachen repay, restore, make amends for *(v.) (in compensation for loss or as a reward for willing sacrifice)*
Wiedergutmachung restitution
wiederherstellen restore *(v.)*
Wiederherstellung restoration
Wiederkehr (Jesu) second coming (of Jesus)
Wiedertäufer Anabaptist *(a radical group in the period after the Reformation; sometimes used in the established churches as a critical term for denominations that baptize adults who were baptized as infants)*
wild wild, fierce
willen: um … willen for …'s sake

wirklich real(ly)
  Wirklichkeit reality
Wirkung effect
Wissen knowledge
  Wissen ist Macht knowledge is power
Witwe widow
  Witwer widower
Wohl benefit
Wohlfahrtsverband welfare organization
wohlgefällig pleasing *(antiquated)*
  Wohlgefallen pleasure *(antiquated)*
Wohlgeruch perfume *(symbol that God is pleased by certain actions or attitudes; refers back to the use of fragrant offerings in the Old Testament)*
wohlhabend wealthy
Wohlstand prosperity, wealth
wohltätig charitable
  Wohltätigkeitsverband charity *(organization that collects money for a charitable purpose)*
Wohnung residence, appartment, flat
Wolf wolf
  Wölfe wolves
Wolke cloud
Wolle wool
Wort word; passage, text, statement
  Bibelwort Bible verse, Bible passage
  Wort Gottes word of God *(refers to the Bible or to the person of Jesus)*
  Wortschatz vocabulary
Wunde wound
Wunder miracle *(term used for events caused by supernatural means that usually have no »natural« explanation)*
wunderbar wonderful
Wunsch desire
  wünschen wish, desire *(v.)*
  wünschenswert desirable
Würde dignity, honour *(GB)*, honor *(USA)*
  würdig worthy
Wurzel root
Wüste desert
wütend furious

Z

zählen count *(v.)*
Zähneknirschen gnashing of teeth
zaghaft fearful, timid, hesitant
zanken argue, quarrel *(v.)*
zart tender, fragile
Zauberer magician
Zehnter tithe *(regular donation of a tenth of income, following a biblical pattern)*
  den Zehnten geben tithe *(v.)*
Zeichen sign
  Zeichen und Wunder signs and wonders
zeigen show *(v.)*
Zeitalter age, epoch
zeitgenössisch contemporary
Zelle cell group, house group
  Zellteilung cell division *(division of groups as a method of church growth)*
Zelt tent
  Zeltmacher/in tent-maker *(mis-*

sionary who earns his/her own keep with a secular job, following the example of the Apostle Paul)
Zeltmission evangelistic crusade *(held in a hired tent)*
Zepter sceptre *(GB)*, scepter *(USA)* *(rod carried by royalty)*
zerbrechen shatter *(v.)*
zerbrechlich frail
Zeremonie ceremony
zerschmettern shatter, destroy *(v.)*
zerstören destroy *(v.)*
Zerstörer destroyer
Zerstörung destruction
zerstreuen scatter *(v.)*
zertrampeln trample *(v.)*
Zeuge/Zeugin witness
zeugen beget *(v.)*
Zeugnis testimony *(a subjective account of one's faith)*
Zeugnis geben bear witness *(profess faith; report personal experience in the faith)*
Ziel goal
Zimbel cymbal *(musical percussion instrument)*
Zion Zion *(mountain in Israel, a symbol of the national and spiritual identity of Israel)*
zittern tremble *(v.)*
Zivi *(person doing social or church work instead of military service)*
Zivildienst social public service *(instead of military service)*
Zorn anger
zornig angry
Züchtigung corporal punishment
Zufall chance, coincidence
Zufluchtsort refuge *(place of escape from physical danger or spiritual troubles)*
zufriedenstellen satisfy *(v.)*
Zugang access
zugeben admit *(v.)*
zuhören listen *(v.)*
Zukunft future
zunehmen increase *(v.)*
Zuneigung affection
Zunge tongue
in Zungen beten/reden pray/ speak in tongues
Zungenauslegung interpretation of tongues *(the supernatural ability to explain the content of a prayer spoken in an unknown language)*
Zungengebet speaking/praying in tongues *(supernatural ability to pray in unknown languages, as reported in the early church in the book of Acts)*
zunichte machen nullify, frustrate
zurechtweisen rebuke *(v.)*
Zurechtweisung rebuke
zurückgezogen withdrawn, shy
zurückhalten hold back, restrain *(v.)*
Zurückhaltung restraint
zurückzahlen repay *(money etc.)*
zurückziehen: sich zurückziehen withdraw *(v.)*
Zusammenbruch collapse
Zusammenfassung summary
Zusammenhang context
Zusammenkunft gathering, mee-ting
zuschreiben ascribe to *(v.)*
zusichern assure, promise *(v.)*

Zusicherung assurance, promise, guarantee
Zuspruch encouragement, assurance
Zustand condition
zustimmen agree (with), affirm *(v.)*
zutreffend accurate
zuverlässig reliable
Zuverlässigkeit dependability
Zuversicht confidence
zuweisen assign, allocate *(v.)*
Zwang compulsion
Zwangsvorstellung obsession
Zweck object, purpose
der Zweck des Ganzen the object of the exercise
zwecklos useless
Zweifel doubt
zweifelhaft doubtful
zweifeln doubt *(v.)*
Zwietracht dissension, disagreement

Anhang

Appendix

INFORMATIONEN ZUR BIBEL

Die Bücher der Bibel

Altes Testament

Genesis (1. Mose)	*Gen.*
Exodus (2. Mose)	*Ex.*
Levitikus (3. Mose)	*Lev.*
Numeri (4. Mose)	*Num.*
Deuteronomium (5. Mose)	*Dtn.*
Josua	*Jos.*
Richter	*Ri.*
Rut	*Rut*
1. Samuel	*1. Sam.*
2. Samuel	*2. Sam.*
1. Könige	*1. Kön.*
2. Könige	*2. Kön.*
1. Chronik	*1. Chr.*
2. Chronik	*2. Chr.*
Esra	*Esra*
Nehemia	*Neh.*
Ester	*Est.*
Iiob (Hiob)	*Iiob*
Psalmen	*Ps.*
Sprichwörter (Sprüche)	*Spr.*
Kohelet (Prediger)	*Koh.*
Hohelied	*Hld.*
Jesaja	*Jes.*
Jeremia	*Jer.*
Klagelieder	*Klgl.*
Ezechiel (Hesekiel)	*Ez.*
Daniel	*Dan.*

INFORMATION ON THE BIBLE

The books of the Bible

Old Testament

Genesis	*Gen.*
Exodus	*Ex.*
Leviticus	*Lev.*
Numbers	*Num.*
Deutornomy	*Deut.*
Joshua	*Jos.*
Judges	*Jdg.*
Ruth	*Ru.*
1 Samuel	*1 Sam.*
2 Samuel	*2 Sam.*
1 Kings	*1 Ki.*
2 Kings	*2 Ki.*
1 Chronicles	*1 Ch.*
2 Chronicles	*2 Ch.*
Ezra	*Ezr.*
Nehemiah	*Neh.*
Esther	*Est.*
Job	*Jb.*
Psalms	*Ps.*
Proverbs	*Pr.*
Ecclesiastes	*Eccl.*
Song of Solomon	*Song*
Isaiah	*Is.*
Jeremiah	*Jer.*
Lamentations	*Lam.*
Ezekiel	*Ez.*
Daniel	*Dan.*

Hosea	*Hos.*	Hosea	*Hos.*
Joël	*Joël*	Joel	*Joel*
Amos	*Am.*	Amos	*Am.*
Obadja	*Obd.*	Obadiah	*Obd.*
Jona	*Jona*	Jonah	*Jona*
Micha	*Mi.*	Micah	*Mic.*
Nahum	*Nah.*	Nahum	*Nah.*
Habakuk	*Hab.*	Habakkuk	*Hab.*
Zefanja	*Zef.*	Zephaniah	*Zeph.*
Haggai	*Hag.*	Haggai	*Hag.*
Sacharja	*Sach.*	Zechariah	*Zech.*
Maleachi	*Mal.*	Malachi	*Mal.*

Apokryphe Schriften *(Spätschriften zum Alten Testament, vorwiegend in katholischen Bibelausgaben)*	**Apocryphal writings** *(late additions to the Old Testament, mainly found in Catholic Bible editions)*
Judit	Judith
Weisheit	Wisdom of Solomon
Tobit	Tobit
Jesus Sirach	Ecclesiasticus
Baruch	Baruch
1. Makkabäer	1 Maccabees
2. Makkabäer	2 Maccabees
Zusätze zum Buch Ester	Additions to the book of Esther
Zusätze zum Buch Daniel:	Additions to the book of Daniel:
Susanna und Daniel	Susanna und Daniel
Vom Bel zu Babel	Bel and the Dragon
Vom Drachen zu Babel	The Dragon of Babylon
Gebet Asarjas	Prayer of Azariah
Gebet Manasses	Prayer of Manasses

Die apokryphen Schriften des Alten Testementes erscheinen in den meisten Bibelausgaben nicht. In evangelischen Kirchen werden sie meist als historisches Ergänzungsmaterial betrachtet, nicht als vollwertige biblische Bücher.

The apocryphal writings of the Old Testement are not included in most versions of the Bible. In Protestant churchs they are generally regarded as historical background material, not as full biblical books.

Neues Testament		**New Testament**	
Evangelium nach Matthäus	*Mt.*	Gospel of Matthew	*Matt.*
Evangelium nach Markus	*Mk.*	Gospel of Mark	*Mk.*
Evangelium nach Lukas	*Lk.*	Gospel of Luke	*Lk.*
Evangelium nach Johannes	*Joh.*	Gospel of John	*Jn.*
Apostelgeschichte	*Apg.*	Acts of the Apostles	*Acts*
Römerbrief	*Röm.*	Romans	*Rom.*
1. Korintherbrief	*1. Kor.*	1 Corinthians	*1 Cor.*
2. Korintherbrief	*2. Kor.*	2 Corinthians	*2 Cor.*
Galaterbrief	*Gal.*	Galatians	*Gal.*
Epheserbrief	*Eph.*	Ephesians	*Eph.*
Philipperbrief	*Phil.*	Philippians	*Phil.*
Kolosserbrief	*Kol.*	Colossians	*Col.*
1. Thessalonicher	*1. Thess.*	1 Thessalonians	*1 Thes.*
2. Thessalonicher	*2. Thess.*	2 Thessalonians	*2 Thes.*
1. Timotheus	*1. Tim.*	1 Timothy	*1 Tim.*
2. Timotheus	*2. Tim.*	2 Timothy	*2 Tim.*
Titus	*Tit.*	Titus	*Tit.*
Philemon	*Phlm.*	Philemon	*Phm.*
Hebräerbrief	*Hebr.*	Hebrews	*Heb.*
Jakobusbrief	*Jak.*	James	*Jas.*
1. Petrus	*1. Petr.*	1 Peter	*1 Pet.*
2. Petrus	*2. Petr.*	2 Peter	*2 Pet.*
1. Johannes	*1. Joh.*	1 John	*1 Jn.*
2. Johannes	*2. Joh.*	2 John	*2 Jn.*
3. Johannes	*3. Joh.*	3 John	*3 Jn.*
Judas	*Jud.*	Jude	*Jude*
Offenbarung des Johannes	*Offb.*	Revelation of John	*Rev.*

Die Lutherbibel hat eine andere Reihenfolge im Neuen Testament als alle anderen Bibelausgaben: Der Hebräerbrief und der Jakobusbrief stehen hinter dem dritten Brief des Johannes.

The Luther edition of the German Bible has a different order in the New Testament from all other Bible versions: it places Hebrews and James after the third letter of John.

Kapitel- und Verszählung

Wenn Sie das richtige biblische Buch gefunden haben, kann es immer noch passieren, daß Sie den gesuchten Text nicht finden. An einigen Stellen unterscheidet sich die Kapitel- und Verszählung in englischen und deutschen Bibeln. Hier sind die wichtigsten Unterschiede.

Chapter and verse numbers

When you have found the right book of the Bible you still may not be able to find the text you are looking for. In a number of places the chapter and verse numbers are different in German and English Bibles. Here are the most important differences.

Deutsche Bibelausgaben		**English Bible editions**	
1. Könige	5,1-14	1 Kings	4:21-34
	5,15-32		5:1-18
	22,43-44		22:43
	22,45-54		22:44-53
2. Könige	12,1	2 Kings	11:21
	12,2-22		12:1-21
1. Chronik	5,27-31	1 Chronicles	6:1-15
	6,1-66		6:16-81
2. Chronik	1,18	2 Chronicles	2:1
	2,1-17		2:2-18
	13,23		14:1
	14,1-14		14:2-15

Psalmen: Einige Psalmen haben in deutschen Bibeln einen Vers mehr, manchmal sogar zwei mehr. Das liegt daran, daß die einleitenden Texte in deutschen Bibeln als Verse mitgezählt werden, in englischsprachigen Bibeln jedoch nicht.

Psalms: A number of Psalms have one verse less in English Bibles, some even have two less. The reason is that the introductory texts are counted as verses in German Bibles, but not in English Bibles.

Joel	3,1-5	Joel	2:28-32
	4,1-21		3:1-21
Jona	2,1	Jonah	1:17
	2,2-11		2:1-10
Micha	4,14	Micah	5:1
	5,1-14		5:2-15
Nahum	2,1	Nahum	1:15
	2,2-14		2:1-13
Sacharja	2,1-4	Zechariah	1:18-21
	2,5-17		2:1-13
Maleachi	3,19-24	Malachi	4:1-6

Welche englische Bibel?

Das Angebot ist groß. Welche Bibelübersetzung ist am besten für jemanden, der die Bibel auf Englisch lesen möchte?
Einige kurze Informationen über einige der bekanntesten Bibelausgaben sollen Ihnen helfen, sich zu orientieren.

Authorized Version (AV), auch als **King James' Version (KJV)** bekannt. Die Bibelausgabe von 1611, die in manchen englischsprachigen Gemeinden immer noch als Standardbibel gilt. Sprachlich veraltet und schwer zu verstehen.

Good News Bible, auch als **Today's English Version (TEV)** bekannt. Ein Bestseller unter den modernen Bibelausgaben. Sie ist leicht zu verstehen und hat im allgemeinen einen guten Ruf.

New International Version (NIV). Sprachlich nicht ganz so einfach wie die *Good News Bible*, aber trotzdem eine verständliche moderne Bibelausgabe. Gilt als Standardbibel bei vielen bibeltreuen Gemeinden.

Which German Bible?

Many versions are available. Which translation is best for someone who wants to read the Bible in German?
This brief survey of some the most well-known translations is meant to help you in your selection.

Lutherbibel. The original version of 1534 is never used in churches, as the language has changed too much. Revised versions are common. The most recent revision (1984) is fairly readable and widely used.

Die Bibel im heutigen Deutsch, also known as **Die Gute Nachricht**. A very readable modern translation. Is criticized by some evangelicals for alleged inexactness in certain passages.

Revidierte Elberfelder Bibel. Valued in evangelical circles for its closeness to the original, used especially for study purposes. Tends to be cumbersome and old-fashioned in its language.

New English Bible (NEB). Eine anspruchsvolle moderne Übersetzung. Wird in einigen Kirchen benutzt, ist aber nicht besonders stark verbreitet.

New King James Version (NKJV). Eine Neubearbeitung der *Authorized Version*, die in Nordamerika relativ weit verbreitet ist, aber in GB kaum gebraucht wird.

New American Standard Version (NASV). Wird häufig in Nordamerika gebraucht.

Jerusalem Bible. Die Standardbibel für englischsprachige Katholiken.

New World Translation. Die Bibelausgabe der Zeugen Jehovas, die von anderen Kirchen nicht anerkannt wird. Manchmal im Antiquariatsbuchhandel zu finden.

Hoffnung für Alle. A modern, very readable translation well received by evangelicals. Currently only available for the New Testament and Psalms (the Old Testament should be available within a few years).

Einheitsübersetzung. Readable modern version, published jointly by the Catholic and Lutheran Bible Societies, largely translated by Catholic scholars. The Catholic background is occasionally evident in the text – and more often in the annotations. Available with or without Apocryphal writings.

Neue Genfer Übersetzung. Modern version currently being translated. Aims at accurate (though not necessarily literal) translation of the biblical content in up-to-date language. At present, a number of New Testament books are available in booklet form.

Die kirchliche Situation

England: Prägend für die kirchliche Entwicklung war die Gründung der *Church of England* im sechzehnten Jahrhundert. Diese Kirche hat eine ähnliche Stellung wie die evangelischen Landeskirchen in Deutschland. Viele Menschen verbinden ihre britische Staatsangehörigkeit automatisch mit einer Mitgliedschaft (ob aktiv oder passiv) in der *Church of England*.
Die *Church of England* ist pluralistisch: Zu ihr gehören Vertreter einer liberalen Theologie, Vertreter einer rituell geprägten, fast katholischen Frömmigkeit sowie entschiedene evangelikale und charismatische Christen.

Seit der Reformation nahmen einige der bekanntesten Freikirchen ihren Ursprung in England (berühmtestes Beispiel: die Methodisten). Freikirchen sind in England ein etablierter Teil der kirchlichen Landschaft und sind zahlenmäßig stärker als in Deutschland.

Pfingstliche und charismatische Gruppierungen arbeiten in der Regel gut mit evangelikalen Christen zusammen. In der *Evangelical Alliance* sind diese Gruppen gleichermaßen aktiv.

The Church Situation

Germany: The situation in Germany in the period after the Reformation was dominated by the idea of the state church. Some small states were Catholic, some were *evangelisch*. The citizens had to belong to the church prescribed by the authorities. Small, independent fellowships were seen as sects and persecuted.

This geographical patchwork of Protestant (mainly Lutheran) and Catholic areas still applies today. Free churches that are respected in other countries are still seen as sects in some parts of Germany.

Evangelical groups that arose in Germany from the 17th to the 19th century usually did not found free churches. They remained as fellowships of believers within the Protestant church, even when they held their own meetings in separate buildings. Many such groups still exist today.

Free churches such as the Baptists and Methodists are established in Germany (with smaller numbers than in English-speaking countries), as are a number of Pentecostal groups. Evangelicals and charismatics are also found in the established churches.

USA: Die ersten Einwanderer aus Europa waren freikirchliche Christen auf der Flucht vor religiöser Verfolgung. Dieser freikirchliche Charakter ist geblieben – die USA haben die größte Anzahl verschiedener christlicher Gruppierungen auf der Welt. Auch die *Episcopal Church* (verwandt mit der *Church of England*), die *Lutheran Church* und die katholische Kirche haben eher den Charakter von Freikirchen.

Viele pfingstliche und charismatische Gruppen entstanden in USA. Bekanntestes Beispiel aus der letzten Zeit ist die *Vineyard Movement.*

Die kirchliche Landschaft in den meisten anderen englischsprachigen Ländern ist ähnlich wie in den USA. Einige Länder, in denen der Einfluß Englands besonders stark war, haben eine starke *Church of England*, die aber nicht so bestimmend ist wie in England selbst.

Die **Republic of Ireland (Eire)** ist ein katholisches Land, in dem evangelische Christen in der Minderheit sind.

Pentecostal and charismatic Christians are often regarded with suspicion by traditional evangelicals in Germany. Recently, however, there have been attempts at reconciliation and constructive cooperation.

The church growth movement in Germany is a growing influence. It reaches Christians of different traditions, and the planting of new churches is becoming more common, both inside and outside the established Protestant church. This development is likely to be a subject of hot debate in churches in Germany for several years to come.

Switzerland: A country of many cultures (and four different official languages), Switzerland has no official state church. There is a mixture of different churches and a tradition of tolerance.

Austria: A Catholic country, in which Protestant churches are a minority.